はじめに

 本書は、幼児期における造形遊びの参考資料として出発しました。すでにありがちな「モノづくりの本」としてではなく、保育の中で可能な造形あそびのヒント集です。

　幼児造形を体系的に伝える素晴らしい本はすでにあります。保育者達が働きながら実際によく見る、そして造形遊びの参考にする手軽でカジュアルな雑誌もたくさんあります。しかし、子どもが「作ったり描いたりすること」を「造形」と呼ぼうが、「アート」と呼ぼうが、「制作」と呼ぼうが、このような行為の結果が「作品」として残る、あるいは残されるということはこの手の活動に際立つ特徴であり、そして多くの場合、そのことが落とし穴にもなります。

　「ものづくり」に対して興味関心が強まる幼児期のみではなく、0，1，2歳の乳幼児期にまで造形活動が広がっています。そのためこの種の活動に期待する意味や意義、メリットもデメリットも一層際立つようになります。大人が使う有りとあらゆる物、そしてまた大人が期待することにも敏感で、知りたがり、そして興味関心をもつ乳幼児。多くの場合、喜んで「作ったり描いたり」します。「アート」でいう「美しさに対するセンス」の面で子どもたちから生まれてくる物に対して、色々な違いが顕著に見られることは事実です。美術教育にほとんど縁のなかった保育者と、美術教育を受けてきた造形の専門家の見る目が違うのは当り前の話です。しかし、私達が子どもたちとする行為を何と名づけようが、その「作品」がかなり厄介ものです。「作ったり描いたりしたこと」の結果、光るのは子ども自身ではなく、子どもらしいセンスから生まれてきた「作品」になりがちです。そして私達はそれを「表現」と考え、そこに子どもの心が反映されると受け取り、でき上がった物から子どもの心を理解しようとしがちです。

長年にわたり私は子どもたちと一緒にこのような「造形」に保育者
としてかかわり、やがて保育者養成校で学生達の造形教育にかかわ
るようになりました。その後も、保育現場に今も頻繁に出掛け、実際に造形遊
びを続けています。

　造形保育の中で可能である造形の意味や意義は何か？と模索しています。
すでに定着している幼児造形や、また低年齢化していく造形遊びが次第にかな
り違うように見え始めました。実際の保育現場で取り組まれている造形教
育と、保育現場で可能である造形教育、保育者養成校で取り組まれている造
形教育と保育者養成の場で可能な造形教育とは何か、何を優先すべきか、な
ぜ優先すべきか、などと悩みながら、探っています。アートなセンスが私も好
きです。その価値を認めつつも、私自身が、美術教育が低年齢児の保育の現場
にまで広がりつつあることに懸念も感じています。

　子どもに寄りそう保育に価値を見出す保育園や幼稚園やこども園の中に、
「幼児造形」を積極的に止める施設が少しずつ増えてきたようです。園生活の
中で、子どもたちの豊かな遊び体験を保障できる環境であれば、あえて「造形
活動」や「造形遊び」をしなくてもよいのです。そのような保育現場であれば、
子どもたちが体験できることや表現がすでに大切にされているからです。作
品と呼べるようなものが何一つもなくても、いいのです。子どもたちの体験
をあえて「造形作品」にする必要もありません。「作品」や「表現」に言い換え
られた物に、大人たちが、それぞれのセンスや価値観から感心したり評価し
たりするでしょうが、「作品展」にする必要もありません。なぜなら、そのよ
うな「作品」自体から、子どもたちが体験したことが見えることはめったにな
いからです。子どもたちの様子は他の方法で「見える化」できるはずです。

はじめに

　子ども一人一人とかかわる能力、子に共感できる能力、その子とコミュニケーションができる能力、親しさを感じる能力、などの方が大切です。

　本書はある意味では「アンチ幼児造形」の本だともいえます。形を目指さない無造形とも。「作品作り」をはじめから目指していません。『子ども編』で登場する土粘土あそびと花紙あそびは純粋に素材と戯れ、遊びとして成立するものです。子どもたちに自然に備わっている感性という点から見ても、感じる体験を重視しています。とても重たい素材である土粘土と、とても軽い素材である花紙。これらの素材と遊ぶ中で子どもたちは色々なことを感じ、体験し、数えきれない程多くの遊びを作り出していきます。

　子どもたちが作ったり描いたりする「物」は、「作品」ではありません。「作品」は大人目線です。各項目を見ていただくとわかるように、そして可能な限り、その項目名にも反映させるように努力したことですが、本書の項目名は、素材遊びをアクション（すること、動詞）で表現しています。本書に掲載された記録写真を見る時も、子どもたちがしていること、そして感じていることに関心を向けていただきたいと思っています。

　写真のすべては、私が活動中にスマフォでとったものです。写真の質として劣りますが、個人情報保護に配慮し、子ども自身の生き生きした表情を一般読者に公開することもできない場合が多くありますので、保護者に了解を得たり、それができない場合は写真を慎重に加工したりしています。

　子どもたちがしていること、そして感じていることが顔の表情のみならず全身から充分読み取れると思います。特に子どもの観察に長けている保育者であれば、無理なく共感できるはずです。乳幼児期における造形遊びが可能

で、無理なく保育者にも取り組める造形遊びがあるとすれば、それはこのような「感じること」を重視し、「感じること」に価値と意義を認める「形なき造形」だということを訴えていきたいのです。形として残る物を作らなくてよい。安心して、ゆったりと素材を味わい、感じられる体感、そして体験することで子どもの心が満足することに目を向け、その価値を改めて認めていただきたい。子どもが何かを作ったとしても、他のおもちゃと遊ぶときのように、素材を元のあった場所に戻せば充分です。「表現」と見なされがちな「作品」から保育者自身も自由になることができます。できた物を見てほめなければならないというプレッシャーからも開放されます。どの子も「感じる天才」に見えて来ます。

　本書の、『大人編』の造形は、保育者養成校において、やがて保育者になる学生達と一緒に取り組んだ造形教育の中から生まれたものです。もれなくそのすべてを紹介できませんが、「色であそぶ」、「自然素材であそぶ」、「毛糸であそぶ」などを取り上げることにしました。

　保育者に必要な造形表現についても再検討する必要があると強く感じています。現在の保育者養成の現実に目を向けて、特に私がかかわる2年制の養成過程において可能な造形教育で大切にすべきこと、短い養成期間に最優先すべきこと、そして可能なことは何かと考えて選んだ内容です。保育者自身に磨かれた美的センスがあることに超したことはありませんが、一番大切なことはそれではありません。学生のほとんどが、そのような美的センスが磨かれるようなところで育っているわけではありません。くぐり抜けてきた学校教育においても、全員が中学校卒業と同時に美術教育からも切れ離されま

す。「美しいものとは何か」について考える余裕もありません。ある程度ものづくりの体験とスキルがあることに超したことはありませんが、上手に描けるスキルがあるかどうかは、子どもと一緒にする造形遊びにおいては関係ありません。たとえ上手に描けたとしても、「保育者らしいセンスや能力」に欠ける保育者もいます。描いたり作ったりすることが好きだけでは「保育者らしい保育者」にはなれません。子どもであること、子どもが体験すること、子どもが感じることに共感できない保育者になってしまったら困ります。本人だけではなく、かかわられる子どもも困ります。

　　私の考える「保育造形」はイコール「幼児造形」「乳幼児造形」「子ども造形」ではありません。「保育造形」には、子どもたちとできる部分（本書のPart1『子ども編』）と、保育者にできる部分（本書のPart2『大人編』）という2つの側面があります。本書の中で取り組みやすい素材や課題をいくつか取り上げ、本書の主旨を理解していただければ、基本的に各現場で検討したり、全く新しい素材で試したりすることができると思います。素材や道具体験、柔軟な発想、既存のフレームから自由になること、子どもと一緒に体験するチャンスがあれば、「形にならないが体験になる造形あそび」の価値や意味が見えて来ます。

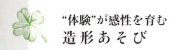

"体験"が感性を育む 造形あそび

Contents

はじめに　3

Part1　造形あそび　こども編　10

Chapter 1　土粘土とあそぶ　11

1　粘土を投げる・踏みつける　12
2　粘土の上を歩く・ジャンプする　13
3　粘土を足につける　15
4　粘土をちぎる、小さく切る　16
5　粘土に模様をつける　16
6　粘土を高く積み上げる　18
7　粘土の上に乗る　19
8　粘土を伸ばす　20
9　粘土に色を塗る　22
10　粘土に棒をさす・立てる　23
11　粘土に自然の枝を加える　25
12　粘土を他の素材と合わせる　26
13　粘土を計る　30
14　粘土を粉に戻す／土の粉を楽しむ　31
15　粉を粘土に戻す　33
16　泥に色をつける　34
17　粘土で描く　37
18　粘土ですべる　38

Chapter 2　自然 - 葉っぱ、実、花、枝とあそぶ　39

1　集める＝"葉っぱ串"　40
2　並べる　41
3　丸く並べてマンダラにする　42
4　ハサミで切る ①丸く四角く　43
5　ハサミで切る ②他の形に　44
6　顔に見立てる　45
7　色紙と合わせて使う　46

Chapter 3　紙とあそぶ　47

1　顔にかぶせる　48
2　動いてみる：歩く・走る　48
3　キャッチする　49
4　破いてみる　50
5　風をつかまえてみる　51
6　長くする　54
7　ベッドにする　56
8　山を皆で持ち上げる　56
9　嵐になる　57
10　花紙を団子にする　58
11　花紙を切る・貼る　59
12　紙テープであそぶ　60
13　紙テープを巻き付ける　62

Chapter 4　毛糸とあそぶ　63

1　毛糸を巻く ①適当に巻く　64
2　毛糸を巻く ②形を楽しむ　65
3　毛糸を巻く ③クギに巻く　66
4　毛糸を編む ①毛糸を指で編む　67
5　毛糸を編む ②毛糸を道具で編む　68

Column　あそぼうカー　69

Part2 造形あそび　おとな編　74

Chapter 5　色であそぶ　75

色ってなんだろう？ 75
絵の具は何でできている？ 81
絵の具がない　使えない　使わない場合どうするの？ 85
何を使ってぬる？ 89
どこにつける？ 91
できたものをどうするの？どう使う？ 93

Chapter 6　自然 - 葉っぱ、実、花、枝であそぶ　97

1　切って並べる 98
2　こすって紙に'コピペ'する 99
3　コラージュする 100
4　文字や数字にする 102

Chapter 7　紙であそぶ　103

1　大きな紙を作る 104
2　壁掛けカレンダーを作る 105
3　空気を包む 106
4　画用紙で筒をつくる 107
5　バブルのような輪つなぎ 107
6　画用紙で帽子を作る 108
7　紙の強さを知る 109
8　余り紙で作る 110

Chapter 8　毛糸であそぶ　111

1　毛糸を巻く ①形を楽しむ 112
2　毛糸を巻く ②ボール紙に巻く 113
3　毛糸を巻く ③ゴッド・アイ 114
4　毛糸を巻く ④人間に見立てて巻く 116
5　毛糸を巻く ⑤釘に巻く 117

響き合う保育とアート　汐見稔幸先生×深谷ベルタ　対談 ── 118

あとがきにかえて 125

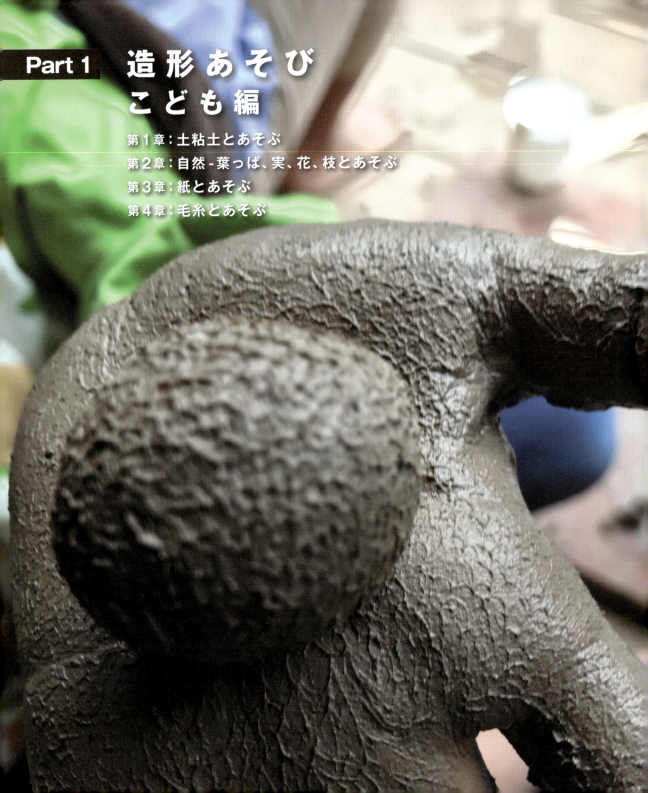

Part 1 造形あそび
こども編

第1章：土粘土とあそぶ
第2章：自然 - 葉っぱ、実、花、枝とあそぶ
第3章：紙とあそぶ
第4章：毛糸とあそぶ

Part. I
こども編
Chapter 1

土粘土とあそぶ

　ここでは土粘土[*1]でできる素材遊びを紹介します。土粘土でできる物(たとえば、器や小さなオブジェ等の作品と呼ばれる物)を作るための作り方ではなく、土粘土でできる"遊び"です。日本は土が豊かな国です。焼物用の土も豊富にあります。お値段も決して高くありません[*2]。管理するのに若干、手間暇がかかりますが、そのコストをかける以上の価値があります。土の体験を他の素材で代用するのは難しい。だからこそ貴重です。「素材遊びの王様」といえます。土に馴染むという意味もないわけではありません。でも、それよりも大事なのは、500グラムの小さな塊からしか得られない身体体験や認知体験です。土粘土から、何百通りもの遊びも引き出せます。子どもたちは、大人が特に指導しなくても、そのような体験を自ら発見し、手に入れます。1人当たり4～10キロの粘土を用意するのが望ましいです。ご家庭では不可能な遊びを保育の中に取り入れてみる。安全で、エコで天然素材。土粘土は、絶対に壊れない最高の「おもちゃ」です。

[*1]　以降、本文中では、土粘土のことを「粘土」と表現します。
[*2]　土粘土の値段：1キロあたり230円位(1例です)。

1 粘土を投げる・踏みつける

材料
*「土粘土」の章を通して同じ

- 土粘土（子どもたちの年齢に合わせて柔らかく練り直したもの；一人当たり最低4〜10キロ）

子どもの年齢（主に体重）を考慮して1人当たり4キロを用意します。子どもの力で容易につぶれるように柔らかめに練り直したものを準備します。粉状のものからスタートしてもよいです。子どもたちが粘土と初めて出会う時、粘土を力いっぱい床に投げたり足で踏みつぶしたりします。

 発想のPoint
これだけ重いものを、家庭ではもちろん、普段の保育の中でも投げたり踏みならしたりすることをなかなか体験できません。保育現場でこれを行うと、この遊びを大いに楽しんでくれます。粘土の程よい柔らかさやひんやりした触感も気持よいです。力いっぱい何度も投げつけたりジャンプしたりして、汗をかきヒートアップします。体に心地よい体感となります。

2 粘土の上を歩く・ジャンプする

Chapter 1 土粘土とあそぶ

ヌル！
ペタペタ

粘土で遊んでいると、結果的に粘土の塊を自分の体重を使って平らにすることになります。その感覚は面白く、新鮮です。通常の保育環境においてこのようなふるまいを「許す」素材が他に見当たりません。

発想の Point

砂の塊を踏みつぶせば形が壊れてしまいます。しかし、土粘土は散らばることなく、壊れることなく、子どものしたいことに素直に応えてくれます。

発想のPoint 粘土を肌で感じることが大切です。できれば裸になって活動します。粘土の柔らかさやひんやりした肌触りを保育室の中で充分感じることができます。裸足で粘土の上に立った瞬間、子どもたちは予想もしなかった感覚を味わいます。嬉しさのあまり、弾んだり飛んだりして汗だらけになります。泥や泥粘土とは違い手足につかないため、安心して、思うがまま動くことができます。

ひんやり

3 粘土を足につける

おもさが ちがう？

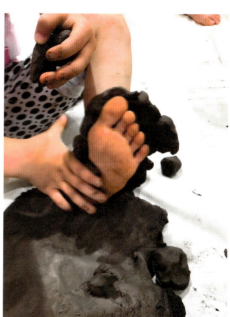

体、あるいはその一部を粘土で包みます。靴やブーツにしたり、あるいは靴下にしたりする子どもの姿も（あえて指導しなくても）よく見られます。粘土を手に持つ時とは重さや触感が異なります。重さや温度等の皮膚感覚が体の部位によって異なるので、それを発見するのが面白い感覚体験となります。

発想のPoint このような姿に限りませんが、子どもが独自の感性をもって生きるのではなく、どちらかと言えば、独自の感性を作り上げている、体の感性を学んでいると考えた方がより正しいかも知れません。

Chapter 1 土粘土とあそぶ

4 粘土をちぎる、小さく切る

粘土を手でちぎるか、細い紐で小さく切ります。そして並べてみます。もちろん団子にしてもよいでしょう。

発想のPoint 小さいピースを子ども自身の周囲に並べるようにすすめると、子どもにもどれだけできたのかが目でわかります。数が増えていく感覚も嬉しいようです。一緒に数えるのもよいでしょう。

「いち、に、さん、し…」

5 粘土に模様をつける

「ほうきでとんとん」

粘土に模様をつける一番手っ取り早い方法は、自分の指や爪を使うことです。あえて道具を使う必要もありません。そうじ用の道具があったので…。

道具 例）ブラシ、竹串、CD、タイヤなど

発想のPoint 割りばしや竹串のようなもの、CD等も便利。掃除用の道具も子どもにとって魅力的な道具。粘土をしまうためのケースや車のタイヤでさえ！このような使い道もあったのか！と予想もしなかった発見に。

Chapter 1 土粘土とあそぶ

串でぽつぽつ

CDでころころ

タイヤにぎゅっぎゅ

足指つっこみ

発想のPoint 粘土の表面に何かしらの模様を残すために、あえてそれ用に作られた道具をそろえる必要はありません。すでにあるものを見つけて使えばよいでしょう。CDが便利な道具のひとつ。不要になったディスク（CD）です。角はなく、持ちやすく、切る道具にも、遊び終わってから粘土を集める掃除道具にもなります。車のタイヤ、自転車のタイヤ、自分の靴底、床や壁の凸凹、おもちゃ等々。子どもにとって意外で新鮮なものです。このような遊びを「粘土版画」つくりに発展させてもよいでしょう。

発想のPoint 道具を使う時、ものによりますが、気をつけるべきことは普段の保育と同じです。ただ、いつもより多人数であれば、その状況に慣れるのに少し時間がかかります。子どもも大人も安心できる道具は「手」です。

6 粘土を高く積み上げる

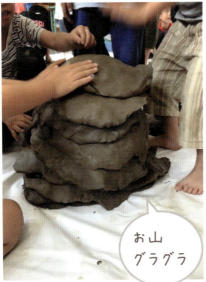

お山グラグラ

たいていの場合、子どもたちは粘土の塊を自分の足で平べったい形につぶすことをします。それをシートからはがして、皆で重ねてみると山になります。高ければ高いほど面白く、のぼりたくなる子どももよくいます。のぼったら…

発想のPoint 粘土をホットケーキのように重ねます。足を乗せてのぼりたがる子どもの姿がよく見られます。のぼってジャンプ、を何度も挑戦します。より高く、より遠くへ飛び方も変えて…くずれてしまえば立て直して…

7 粘土の上に乗る

粘土を積み上げその上に乗り、足元がぐらぐらするスリルを楽しんでいます。のぼることでさえ楽しいです。粘土の山の上から跳びたくなって、子どもたちは行列をなして順番を待ちます。足元に粘土の塊を置くとよいでしょう。クッションの代わりになります。

発想のPoint 山が崩れてしまえば、積み直していく姿も印象的です。飛び方を工夫したりします。道のようなコースを自分たちで工夫したりする姿も見られたりします。「落ちたら危ないのでは」と心配する大人もいます。でも、子どもはバランスを崩しても、体が「くの字」のように自然に曲がり、落ちるのは柔らかい粘土の上です。

Chapter 1 土粘土とあそぶ

8 粘土を伸ばす

4キロの粘土を長く伸ばすのは大変。でも、だんだん長くなるのが面白いと思えばがんばります

ゆすって
ゆすって

つなげて
つなげて

粘土を伸ばす方法が色々あります。指、手のひら、足のうら、腕を使ったり道具を使ったり。

発想のPoint 一言で「細長くする」といっても細さも長さも色々です。「細長く」というのはものの様子を表す言葉なので、比較対象がなかったりすると、何に比べて細く長いものなのかがわかりません。並べてみたり、つないでみたりするのもよいでしょう。線で描いた絵のように見えます。

手のヒダで伸ばした方が楽。適当につなげていくのも面白い。かなり根気が要ります

Chapter 1 土粘土とあそぶ

発想のPoint 普段から油粘土等でヘビを作るような遊びをよくする子どもたち。でも、どうでしょうか?「ヘビとヘビ」を長くつなげていくことはほとんど経験したことがないかもしれません。粘土の「線で描く」こともないのではないでしょうか?皆がのってくるとかなり不思議なものになってきます。タテ・ヨコ、上・下、クネクネ、自由自在に。

小さい塊を指や手のひらで伸ばし、並べてみたり、つないでみたりして描いてみました

ひねったりつまんだり。粘土が上の方向にも伸びることを発見!粘土の中から山が生まれました

9 粘土に色を塗る

"絵の具あそび"や"色あそび"は、紙の上だけでするものではありません。粘土に塗ってもいいのです。どのようにして塗るか、子どもの感性に任せて。わずかな絵の具があればできる遊びです。子どもたちが大好きな遊びで、とても集中し、無我夢中。声も出ません。

道具 筆、絵の具

発想のPoint でこぼこした表面に色をつけるときはとても慎重になり、集中しています。手足に絵の具がついてしまうことも気になりません。逆に、楽しいボディーペインティングに発展することもしばしば。最初から色のある粘土を水に溶かして絵の具の代わりに使うのもよいでしょう。

粘土に色づけ

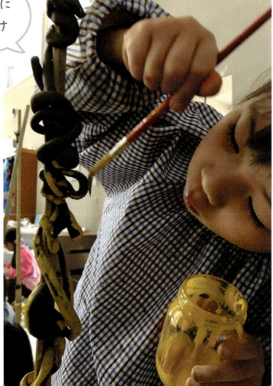

10 粘土に棒をさす・立てる

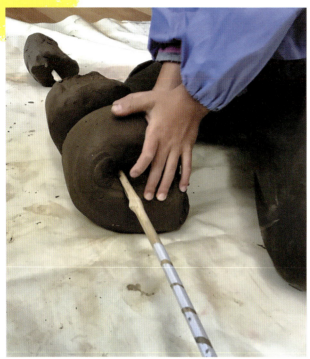

粘土遊びの発展（例）です。色々な道具を使ってみます。たとえば、長い棒状のもの（写真のものは不要となった竹刀です。ささくれていたり破損しているところがあれば、削ったりテープで直したりしてから使用します）。

道具 棒状のものなんでもよい

発想のPoint 子どもたちはどのような道具にも興味を示します。棒状のものも喜んで使ってくれます。その使い道も数えきれないほどあり、色々と工夫します。お互いから学ぶこともします。「正しい使い方」を指導しなくても困りません。ただし、狭い室内での活動となるので、「棒を刀のように振り回す」ことと「人をねらう」ことだけはここではルール違反になることを伝えましょう。

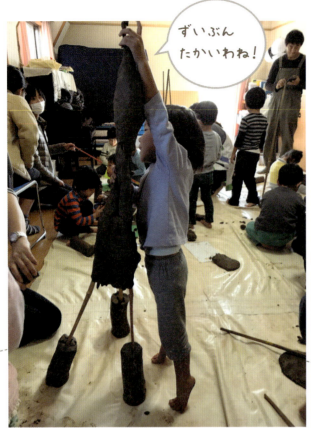

発想のPoint

粘土に長い棒を立ててみると子どもたちの発想はいっそう広がります。山のように高く積み上げることをよくします。崩れてしまっても繰り返し建て直します。
山を作るには相当な量が必要です。芯になるような何かがあると「山」以外のものもできます。不要になった竹刀、角材、紙の筒、少し太めの枝等です。自分の身長よりも高いものを仲間同士で協力して作る光景がよく見受けられます。大きなものを作る時、仲間が自然に集まります。

棒は葉っぱの茎でもよい。自然が惜しまず提供してくれます

11 粘土に自然の枝を加える

Chapter 1 土粘土とあそぶ

自然の枝を加えてみると粘土遊びに面白い変化が生まれて来ます。粘土の中に枝を刺すと、立体的な発想が生まれやすくなります。子どもが思い描いたように枝が立たず、倒れてしまった時、それをどのようにして立てられるのかとあれこれ工夫します。一本ではなくたくさんの枝がほしくなります。数が足りなければ、臨機応変に割りばしなど。偶然性に満ちた素材そのものと、子ども自身のさまざまな動きや働きかけによる変化に着目し、想像力が膨らみます。

道具 さまざまな枝、必要に応じて割りばし

発想のPoint あらかじめ大人が用意したり加工したりしたものではなく、そこら辺に落ちているモノ、拾ったモノでも充分面白い遊びができます。道具がなくても、自分の体が充分道具になること、作るために壊してよいこと、もわかります。大人が用意したモノ（おもちゃ）を壊すわけには行きませんが自然の素材だとそのような創造的破壊も許されます。

12 粘土を他の素材と合わせる

高価な素材を使う必要はまったくありません。アイスの棒のような、生活の中でよく使われ、不要となったもので充分です。簡単に壊れてしまう（形が壊れてしまいがちな）ものでも構いません。素材の質よりもむしろ量が十分あるかどうかが問題です。一度に多種多様の素材を使わず、2つか3つに絞って使ってみましょう。

道具 CD、竹串、割りばし、紙コップ、段ボール、紙テープ、葉っぱなど

発想のPoint 怪我のもとになるのではと心配されるようなものでも、力加減次第で使えるものです。壊れた場合、そのまま使うと危ないです。危ない、捨てた方がいい、という判断を子ども自身ができるようになることが大切です。活動の最後に、素材別に分けて回収します。分類することも大切な認知能力の一つです。

粘土に長い棒を立て、穴のあるホウキやチリトリ、CDを集めて棒に通し、最後に粘土を片づけるためのボックスのバックルまで外して使い、楽器にした4歳児。手で回しながら鳴らすことを面白がっている。身近にあるものを子どもたちが自ら発見し、使いたがる

紙コップも粘土と組み合わせればありがたい素材です。形が崩れたら崩れたで、何か別物に見えてきます。入れものにもなり建物にもなります。見立て遊びや「ごっこ遊び」を誘発する魅力も紙コップにはあります。とても軽い素材と重い素材の組み合わせから、予想外の遊びや表現が生まれます。素材遊びは決まった形（あらかじめ決められたゴール）に向かうものではありません。手で感じる、手で考えることこそが素材遊びの醍醐味です。

Chapter 1　土粘土とあそぶ

粘土を中に詰めればグラづかない。粘土で固めて積み上げたコップタワー

カシャカシャ

ぼくがカメラマン！と言って歩き回っていた男の子。その手つきも表情も「カメラマン」

ずんずん高くなるコップタワー

スライスした粘土と交互に並べて。どこまで高くできるか楽しみ

ペコッとつぶしたりチョキチョキと切ったり

粘土と紙コップのつぶれ感や壊れ感がまったく違う。形を壊すことは作ることの前提です

発想のPoint

粘土と紙テープやダンボールを組み合わせるのもよいでしょう。紙テープでいったん遊んだ後、粘土活動の中で再度登場してもらいました。色の面では単調な土粘土とカラフルな紙テープ。
子どもたちが、粘土に立てた棒に「おみくじ」といって紙テープを結ぶことを思いつきました。
ダンボール紙にあらかじめアクリル絵の具を塗っておくと、耐久性が少しよくなります。そこまでしなくてもダンボール板が色々な発想をひき出してくれます。形が不揃い、サイズがばらばらでも構いません。

むすんで
むすんで

紙で遊ぶ時に使った紙テープを粘土の柱に結んで行く子どもたち

やねも
のせようよ！

ダンボールの板を使って小さな家をつくる女の子。長い時間相談しながら作っていました

Chapter 1 土粘土とあそぶ

発想のPoint
土粘土は身近にあるさまざまな素材と相性が良いです。たとえばクレヨン。クレヨンには色がたくさんあるのでありがたいものです。
さて、粘土の上にクレヨンで描けるのか？という発想からそれをやってみるのですが、描けないことがわかると発想を変え、粘土にクレヨンを刺してみたりして…

カップケーキいかが？

クレヨンがろうそくにもなる。ストローにもなる。
描くだけが能じゃない

発想のPoint
園庭や公園の泰山木(たいさんぼく)の葉です。丈夫で大きく、少し固いけれどもハサミで好きな形に切ることもできます。固いからこそ粘土に刺すのも簡単にできます。一年中いつでも葉を落としてくれるので素材として便利です。

13 粘土を計る

幼児の場合、特に4歳以上となれば、アナログの計りを準備することをおすすめします。子どもたちは、ものの重さを計ることが大好きです。計ること自体が遊びでもあり学びでもあります。知る楽しさそのものです。自分でかき集めた粘土の重さを知りたい。そのためには大人の想像力を越える努力も惜しまないのです。

道具 はかり

発想のPoint
粘土の重さを正確に計れるかどうかは大きな問題ではありません。もっとも、より正確な計り方を伝えることに超したことはありませんが。キロ単位の数が分かればよいでしょう。
子どもにとっては、この計る道具自体が面白い。自分で感じる重さ（主観的体験）を視覚的に確認できる方法があることでより魅力的に見えるようです。

これ、何キロ？

子どもたちの、粘土の重さを計りたいという知りたい欲求にいつも感心する。そのユーモアのセンスにも。恐竜の歯医者さんになっていた男の子がとりだしてきたのはこのピース（恐竜の歯）。これは「何キロ？」と、子どもの楽しいジョーク

14 粘土を粉に戻す／土の粉を楽しむ

Chapter 1 土粘土とあそぶ

とんとん

生まれて初めて手にした金づち。誰も教えていないのに、粉が飛び散ることを手で食い止めようとするその身体的知能の高さに驚くばかり。あれこれ言わず静かに見守ることの大切さも子どもから学べます

石のように固くなった土粘土を金づちで砕いて粉状に戻していく体験は、子どもたちにはとても不思議に見えるようです。砂場で使う"ふるい"等を使い、粉と砂利石のようなものに分けていく途中に粉で遊ぶことができます。手の上から粉をかけると、粉のひんやり感に驚いたり、手形が残ることに驚いたりもします。指で粉の上に線を描いたり手で消したりもします。粘土を砕くために使用した板を金づちで叩くと、その振動で細かいものと大きなものに分かれていく様子も新発見となります。ふるいは2〜3種類があると便利です。

素材 乾燥させた土粘土（子どもの握りこぶし程度。2週間放置しておくと自然に乾燥して石のようになる）

道具 金づち（3種類の重さ）、下敷きになる板（コンパネと呼ばれる合板でもよい）、ぬれぞうきん（板の下にすべり止め用に使用したり手を拭いたりするのに使用）、各種ふるい（砂場のふるいやキッチン用品の網など）

発想のPoint 金づちを使う体験になるので、それ自体でも「身応えのする」体験です。床を傷つけないように丈夫な板の上（下に塗れ雑巾を敷く）で行えば、大人も安心します。
4歳児で初めて金づちを手にした子どもでさえ、打ち方が上手で、子どもの身体能力、認知能力、根気強さに大人も驚きます。私たちは普段からどれほど子どもの能力を低く見積もっているのか、様子を観察すると、実によくわかります。

発想のPoint 土粘土活動を楽しんだ後、土が固まってしまったために、結局、捨ててしまったという園の話をよく聞きます。でも、土粘土遊びは土が乾燥してしまってもまったく問題ありません。逆にありがたい変化です。これを捨ててしまうのは、貴重な教材と遊びと学びのチャンスを捨てることになってしまいます。

発想のPoint 金づちは2～3種類(重さの異なるもの)があるとよいです。小さく軽いものは使いづらいため避けたほうがよいでしょう。同じ年齢でも、道具体験や試してみたい道具に個人差があります。玩具のようなものは、効率が悪い上、本物の道具体験になりにくいです。床の上ではなく、別の板を用意します。コンパネの安い板でも十分です。

びっくり
ひんやり

ふるいで粉を手にかけてもらってまず驚いたのは粉の心地よい皮膚感覚と涼しさ。手をそっと挙げてみると板に手形が！

砕かれた粉の上に指で描いた線

板を金づちで叩くのを提案して、リズミカルに叩いた後の驚いた様子。振動に合わせて上下に動く粉とジャリ

15 粉を粘土に戻す

土の粉に少量の水を加えて、こねながら柔らかい粘土にまとめていきます。特に指示をしなくても、自然と団子状にまとめる子どもがよくいます。手が泥だらけになりますが、その触感や手の平と団子の表面が連続している様子が不思議です。

素材 粘土の粉
道具 紙コップ、バケツかタライ（水をためるため）

発想のPoint
水の量も「曖昧に」表現し、「少しだけ」で大丈夫です。子どもたちが自らの感覚で「適度」を発見し、学んでいきます。量の判断を誤ったとしても大丈夫です。誰も困りません。遊び場の側にバケツやタライで水を酌んでおけば、子どもが「実験」を始めます。
全身泥だらけになる覚悟で取り組みましょう。水道管が詰まるので、体についた粘土（泥）を水道に流さないように注意しましょう！

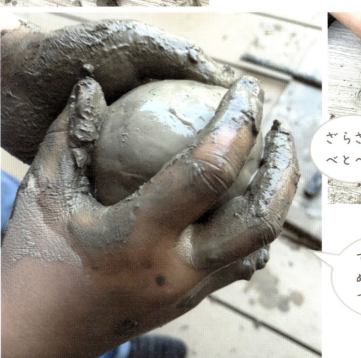

ざらざら
べとべと

すべすべ
ぬるぬる
つるつる

Chapter 1　土粘土とあそぶ

発想のPoint

粉に水を足して行く時、粉の山の真ん中にあらかじめくぼみを作っておくと水が逃げたりしないというコツだけを伝えれば、あとは子どもの感覚に任せて大丈夫です。
ふるい分けられたものにも水をかけて見ると、粘土の土に水がキシキシとしみ込んでいくときの音まで楽しめます。粒の大きさにより水が染み込む様子が違うこと、皮膚感覚等の違いも体験できます。水の量をうっかり間違えて、土の粉が泥状になってしまったとしても全く問題ありません。

16 泥に色をつける

子どもたちが柔らかい泥団子を板の上でつぶしたり泥をこねたりする時、色をつけてみてはどうかと提案してみました。今回は絵の具を入れるための容器をあえて用意せず、直接泥と混ぜます。手の平が容器の代わりです。細い線を描くのに割りばしを使い、後は指や手の平で描いています。絵の具と泥をゆっくりと混ぜていく遊びに没頭し、描いては消す子ども。偶然に現れた線にイメージを膨らましていく子ども（右ページ写真）。

素材 泥状の粘土、絵の具（ポスターカラー系）
道具 板、割りばし（なくてもよい）

> **発想の Point**
> 土粘土と絵の具はとても相性がよいです。絵の具の材料も、岩や土の粉だからです。フィンガーペイティングをする時、絵の具にノリに混ぜることは通常の保育実践。土粘土遊びの中ではノリを使いません。また、絵の具を粘土に混ぜて大丈夫だろうかと心配する人もいるかもしれませんが、焼制して「作品に仕上げる」ことが目的ではないため、絵の具を混ぜてもまったく問題になりません。

小瓶の絵の具を、子どもの気持ちに応えて直接容器から手の平に出す。子どもたちの「赤ください。黄色ください」という色の注文をする声が飛び交う。絵の具を手の平で受け止める。感触と混ざり具合を肌で味わい、じっくりと観察する。子どものこのような様子こそが表現です

Chapter 1 土粘土とあそぶ

固い板（不用になった学習机の天板）の上で滑るように走る子どもの手。たまたま手に取った割りばしの跡。動きが次々と生まれては消えて行く。切りのないフロー。これを「作品」としたければできる。どこかで誰かが「ストップ」と言ったりすれば、このフローが止まる。子ども自身が「作品」を望んでいるわけではない。線を描いてみせたその手が自分の手の跡を惜しまず消して行く。「できたもの」にはまるでもう興味がないかのように…
この動きの流れを撮影しておくと、保護者などと共有できます

17 粘土で描く

Chapter 1 土粘土とあそぶ

土より明るい色のシート等の上で活動すれば、どろどろになった粘土の土で線が書けることを面白がる子ども。

発想のPoint

このような遊びをきっかけにして「絵の具ってなんでできているのか?」、「絵の具ってどのようにして作れるのか?」と好奇心のスイッチをONにしてもよいでしょう。
フィンガーペイティングに発展するのもよし、気に入ったところを紙に映してもよし。絵の具と平行して使ってみるのもよいですし、洗い流しても。

18 粘土ですべる

土の粉に、少量の水を足して粘土の塊にまとめる遊びの自然な発展例です。側に水があれば、子どもたちがこのようなことも試したくなります。ビニール製の防水シート等、よく滑るシートの上で活動すれば一層のことです。

発想のPoint いうまでもなく、遊びながらよく転びます。しかし、少々痛い思いをしても、子どもは自らの責任をとるかのように泣きません。たいてい笑ってすましています。そしてまた滑って行きます。自分で上手にバランスがとれるようになるまで飽きることなく。足が空回りする感覚やスリルを楽しみます。

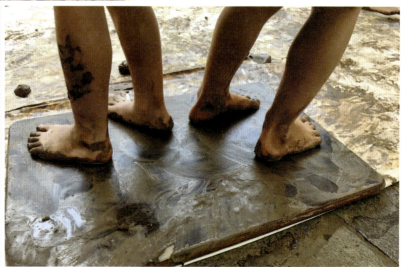

Part.I ― 自然
こども編
Chapter 2
－葉っぱ、実、花、枝とあそぶ

　葉っぱであれば、都会であろうと自然豊かな場所であろうと私達の身の回りにあるものです。少しだけ視点を変えて造形遊びの素材として見直してみましょう。紅葉の美しい季節のみならず、一年中いつでも葉っぱ遊びができます。形や色や大きさ、紙素材とはまったく異なる材質感。子どもたちの興味に合わせて科学よりの方向へも、アートよりの方向へも遊びが発展できます。

　自然からいただく葉っぱ。紙のように薄い素材。ありふれた素材。そこには引き出すことのできる遊びの可能性があり余るほど潜んでいます。

1 集める＝"葉っぱ串"

素材

- 葉っぱ

細目の小枝を串のように使い、みつけた葉っぱを通します。

発想の Point

葉っぱの集め方はいろいろとあります。たくさん集めその中に飛び込んでみるのもよい。小袋に詰めたりしてもよい。枝を通してみても面白い。子ども達はよく枝を拾います。葉っぱを通すと'葉っぱ串'。葉っぱの触感を楽しんだりします。皆で作った串をどこかに指したり並べたりしただけでもアートっぽいです。葉っぱの見え方も少し変わります。

2 並べる

Chapter 2 自然 — 葉っぱ、実、花、枝とあそぶ

素材

- 自分たちで拾った葉っぱ（小枝や花や実を使ってもよい）

並べ方をいろいろ工夫します。

発想のPoint

テーブルや地面、布や紙の上に、並べてみます。大きさの順に並べたり、色や形等に注目してまとめたりすることもできます。子どもたちが素材に触れて、何かを感じたり、何かに気付いたりすることが大切です。何に注目したのか、子どもに聞いて、言葉にしてみましょう。曲がり具合に着目したり、虫喰いの穴に注目したりするかもしれません。

3 丸く並べてマンダラにする

素材

- 自分たちで収拾した葉っぱなど

葉っぱや花（花弁）、実（豆等もOK）を対称的になるように並べます。

発想のPoint
マンダラ絵や万華鏡を見てからするとイメージしやすいです。同じものが繰り返されることや左右対称に並んだりすることに気付き、その面白さを楽しみます。葉っぱを小さく切ったり、折ったり、ちぎったりしてもよいです。数人で協力して並べてみるのもよい。大人が中心の部分を作り、子どもたちがその周りに続けて並べていくのもよい。

4 ハサミで切る ①丸く四角く

Chapter 2
自然 ─ 葉っぱ、実、花、枝とあそぶ

素材

- 葉っぱ

色とりどりの落ち葉を丸や四角に切ります。

発想のPoint

ハサミを使って形を変えてみましょう。いろいろな形に挑戦してみます。できた形を重ねたり並べたりします。色の違いに気付かされます。また、切ることで、紙とはまったく違う素材だという感覚もわかります。

5 ハサミで切る ②他の形に

素材

- 葉っぱ

葉っぱを自由に切り刻んでいきます。切った葉っぱを自由に並べてみます。

発想のPoint　葉っぱを使って簡単な見立て遊びもできます。子どもになじみがあり、思い描きやすいものから始めてみましょう。例えば「魚」に見立てるなど。細長いもので網を表現し、「魚」を乗せれば焼き魚の出来上がり。

6 顔に見立てる

Chapter 2 自然 ― 葉っぱ、実、花、枝 とあそぶ

素材
- 葉っぱ等

画用紙に大きめの穴を開け、その周囲と中に葉っぱなどを置いたり挟んだりして顔を作って遊びます。

発想のPoint

私達はありとあらゆる物に顔を発見します。人にはそのように見ようとする仕組みが生まれながらにあります。他の形より、「顔」を表現することの方が、簡単です。穴の周りに適当にパーツを並べます。自分で形を切り出してもよいです。

7 色紙と合わせて使う

素 材

- 自然の葉っぱと色紙（色のある紙であれば何でもよい）

葉っぱと色紙、両方を使ってモノを見立ててみます。

 葉っぱと紙はどちらも簡単に使える素材です。同時に使ってみると、その素材の違いに気付きやすくなります。自然の葉っぱにはない色が紙にあることもわかります。

Part. I ― 紙とあそぶ
こども編
Chapter 3

　私達の身の回りにある最もありふれた素材のひとつが紙です。日本人一人当たりの紙の消費量は年間214キロ位。世界で5番目に高い消費量だそうです。IT化が進んでもなかなか紙の消費は減りません。一日当たり、1人当たり588グラム。紙は貴重な素材。一言で紙といっても非常に多くの種類があります。この素材の性質に気付くために本章ではいくつかの紙遊びを紹介します。

1 顔にかぶせる

材料
- 花紙

好きな色の花紙を選び、自分の顔にかぶってみます。

発想のPoint 花紙は素晴らしい性質を持っています。この紙を使う時、花紙のいろいろな性質に気付き、それを遊びに利用します。顔にかぶってみると、薄く半透明で紙の向こうが透けて見えます。色によって世界の見え方も変わります。枚数を増やしたり、他の色を重ねたりするといい。

2 動いてみる：歩く・走る

材料
- 花紙

花紙を顔か頭にのせて動いてみます。

発想のPoint 顔に紙をつけたままでゆっくりと歩いてみます。子どもたちは安心して歩けるとわかると、自分から走り出します。時にはとても速く走る子どももいます。特に止める必要はありません。動く方向さえ決めておけば、お互いにぶつかる心配もありません。この紙を感じ、この紙だからこそできる動きをそしてスリルを楽しめます。

3 キャッチする

材料

- 花紙

床に落とさないようにすばやくキャッチします。

発想のPoint

顔にかぶせたり頭に乗せたりして動くと、軽い花紙が簡単に落ちます。ここでルールを導入します。床に落ちる前にすばやくキャッチすれば、セーフとします。そうすると、これだけで楽しいゲームになります。顔や頭ではなく手の平に乗せて動くのも面白いです。こども同士で競い合うこともスリリングです。花紙はとても軽く、薄く、繊細です。そのため簡単に破れます。破れてしまった場合、多くの子どもが困った顔をしたり、場合によっては泣き出したりもします。自分が間違ったことをしてしまったと思うからでしょう。子どもたちを安心させましょう。
紙が破れたのはあなたのせいではなく、この紙の面白い特徴なのです。

ふわっ！

Chapter 3　紙とあそぶ

4 破いてみる

ピリ
ピリ…

材料

- 花紙

手で破いてみます。縦横両方を試します。細長くなります。破いた紙を上に投げて落ち方を見て楽しみます。いろいろな破り方をしてみます。飛ばし方も工夫してみます。

発想のPoint
ピースの飛び方（落ち方）の違いに子どもたちが気づきます。細長いピースがまるでボウフラのようです。生き物のようです。
一度に何枚まで破れるのかを楽しむのもよいです。子どもたちがたくさん破いてくれたら次の展開が見えてきます。

Chapter 3 紙とあそぶ

5 風をつかまえてみる

材料

- 花紙
- 風（エアコンの風、扇風機の風、自然の風、すきま風）

破いた紙を持って、風をつかまえに行きます。風の通り道を見つけたらそこにノリで貼ります。

 風を見つけ、見つけたらそこに紙を貼ります。エアコンの風を見つけました。紙を貼ったことで風が見えるようになりました。風で踊る紙の動きが面白いです。紙を長くしたくなりました。ここは「紙を長く切る方法」を伝えるのによいタイミングです。

ひらひら！
風が見えた！

Chapter 3 紙とあそぶ

エアコンの風を見つけました。風の通り道に花紙を貼ると、紙の愉快な踊り。もっと長くするのにはどうすればいいの？

6 長くする

世界一軽いなわとび

凧上げの感じでしょうか？ とつぜん走りたくなりました

どこまでも長く…

材料

- 花紙

紙を手で破り、破りきれる寸前で手を止めます。方向を変え、今度は反対方向からも切れる寸前まで動きを自分で止めること、同じ動きを繰り返すこと、それができれば長くなります。

発想のPoint　長い紙が作れると、走り出す子どもがよくいます。身長よりも長い紙がまるで龍のように泳ぎます。優雅です。ここから新たな遊びや動きが生まれて来ます。もっと長くしたくなるかもしれません。全色をつなげたくなるかもしれません。なわとびしたくなった子どもたちもいます。

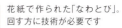
花紙で作られた「なわとび」。
回す方に技術が必要です

Chapter 3　紙とあそぶ

7 ベッドにする

材料
- 花紙

たくさん破ることができたらこの遊びもできます。紙を全部一ヶ所に集めておき、「ベッドにする」という子どもたち。

発想のPoint　床に落ちている紙を一度に、そして一ヶ所に集めます。手で集めます。子どもが走り回ると紙もよく逃げ回ります。それが何とも面白い動きです。自分の動きと素材の動きが連動しています。花紙は新聞紙とは違い、とても繊細で、軽く、優しい紙です。子どもたちの動きも優しくなります。

8 山を皆で持ち上げる

材料
- 花紙
- うちわか代わりになるボール紙（できれば角を丸く切り落としておく）

細長く切られた花紙の山を囲むように、車座になって座ります。一度に8〜10人が等間隔に座るとちょうどよいです。合図に合わせて一斉に仰ぎます。紙の下に風を送るようにします。紙の山が持ち上がり、柱のようです。そしてゆっくりと降りてきます。

発想のPoint　皆で息を合わせ、仰ぐ速さも揃って初めてできる遊びです。このような光景に感動しない子どもはいません。一回ではすまない程盛り上がります。家庭ではできない遊びです。

Chapter 3 紙とあそぶ

9 嵐になる

ウチワで紙の山を持ち上げる

ウチワでパタパタ

材 料

- 花紙
- ウチワかその代用になるボール紙

花紙をウチワで仰ぎまくり存分に荒らすようにします。自分が嵐か台風になったつもりでぐるぐると回してみます。

発想のPoint 土粘土が大変重い素材だったのに対して花紙はとても繊細で軽い素材です。子どもの小さな動きにも反応してくれます。優しく仰いだり思いきって大きな力で仰いだり、どのようにしても楽しい遊び相手になります。

10 花紙を団子にする

にぎにぎ

材料

- 花紙

床に落ちている花紙は、特に片づける必要がありません。適度に紙を集めてもらい、団子にしてみます。いろいろなサイズのカラフルな団子ができるので、適度に並べたり、どこかに置いたりすればよいです。

発想のPoint 大きく見えた紙の山が、手の力で圧縮すればとても小さくなることに子どもたちは驚きます。そして、握ってくれた団子を保育室の一角に置いておくと、もっといろいろなことを考え、使ってくれます。これは決してゴミではなく、素材です。

11 花紙を切る・貼る

材料

- 花紙のシート

花紙を適当な大きさに切り分け、自分の気に入ったものをさらに切ったり貼ったりしてみます。あらかじめ何を作るのか決めても、決めなくてもよいでしょう。

発想のPoint 表面が凹凸で、厚みも違い、色とりどりの紙に、美しさを体験する子どもが多くいます。普段は出会わない紙です。切ったり貼ったりするだけでも満足します。色の選択肢の多さも嬉しいものです。

Chapter 3 紙とあそぶ

12 紙テープであそぶ

材料

- 普通の紙テープ（少なくとも一人一巻）

床の上で紙テープのロールをそのまま滑らせる。紙テープで「だるま落とし」のようにして遊ぶ。的当てのように使う。カーリングのように遊ぶ。使い方（遊び方）は色々。床の上で紙テープを転がし、いっきに長い線を引いたり、リボンのように結んでみたり三つ編みにしてみたり。たくさんのテープを束ね、綱引き遊びをするといったことも楽しいものです。

発想のPoint 紙テープで色々と表現することに挑戦する前に、紙テープから引き出せる遊びをたくさんみつけましょう。既製のおもちゃがなくても自分の柔軟な発想で身の回りにあるものを使って遊ぶ経験になります。

13 紙テープを切る・ちぎる

Chapter 3 紙とあそぶ

材料

- 紙テープ
- 台紙

紙テープを手でちぎったりハサミで切ったりします。表現したい形に合わせて並べてみてから、のりで固定します。

 紙テープでひと通り遊んだ後に楽しめるかんたんな表現遊びです。目的はこのような絵を制作することではなく、素材をよりよく知ること。経験の幅を広げることです。子どもの年齢に応じて、あらかじめ形を線などで示しておいた方がよい場合もあります。

14 紙テープを巻き付ける

材料

- 普通の紙テープ

紙テープで遊んだあとによく見られる遊びです。紙テープの山の中に飛び込み、転がりながら体に巻き付けています。そのまま動いてみたり踊ってみたり。

発想のPoint 最後にする遊びです。子どもが自ら発見します。動いてみたり踊ってみたりすると動きがより強調され、歪んで見えるところが面白い。自分の姿が見えなくなることも面白いでしょう。

Part. I

こども編

Chapter 4

毛糸とあそぶ

　編み物や手芸を趣味として楽しむ人がめっきり減りました。専門店もどんどん姿を消しています。家庭内で編み物や縫い物をする大人の姿を見ることも今は珍しい光景です。人類の知恵から生まれた大事な技術の数々。できれば子どもたちに伝えて行きたい。巻く、絡める、束ねる、結ぶ、編む等、生活の基本的な動作です。毛糸でもできます。役に立ちます。遊びとして楽しめます。

　毛糸遊びは気温が下がってからやりたくなる遊びではありますが、特に季節に合わせる必要はありません。

1 毛糸を巻く ①適当に巻く

材料	
● 毛糸　　● 小枝	

糸を巻く動作は簡単にできることから始めます。拾ってきた枝に適当に巻いてみます。端をノリで止めてもよいです。

 はじめから結ぶことはしません。巻くのも適当に。毛糸を枝に絡めるように巻きます。外れなければそれで充分です。
毛糸の色や種類をたくさん用意できるのであれば、選択は子どもに任せます。毛糸が細ければ束ねて使います。

一本の枝から始めてみる

2 毛糸を巻く ②形を楽しむ

材料
● 毛糸　● 小枝　● 輪ゴム

枝と枝を輪ゴムで止めます。枝に糸を巻く回数を増やしたり減らしたりします。厚みを出します。枝を回してみます。枝から枝へ行ったり来たりして巻きます。すると何かの形が見えてきます。偶然にできる形。そのままでよいのです。

発想のPoint 毛糸を巻く①の発展系です。枝を使って自分で形を作っていきます。どのような形にするか、毛糸をどれ位巻くか、子ども自身で決めます。

Chapter 1　毛糸とあそぶ

3 毛糸を巻く ③クギに巻く

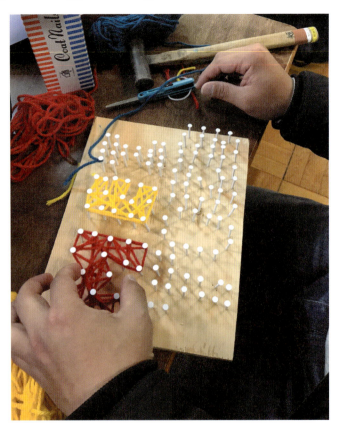

材料

- 毛糸や糸などの繊維(テープ状のものでもよい)
- くぎ
- 板
- 金槌

子どもたちは、本当の道具で本物のクギを打つのが好きです。クギをどのようにして打ってもかまいません。適当に打って偶然にできた「かたち」で充分です。毛糸を巻くのは簡単です。いろいろな形に見えるところが面白いです。ここで終わりと決めたら毛糸をクギに適当に結べば終了です。

発想のPoint
クギを打つことから毛糸を巻いて形をコントロールするところまで、さまざまな楽しみ方ができる造形遊びです。大人はより完成度の高いものを求めたりしますが、大事なのはそこではなく、これらの動作自体を楽しむことです。一度何かに見える「形」が出来上がると、次々とアイディアがわいてきて試したくなります。

4 毛糸を編む ①毛糸を指で編む

材料

- よくのびる毛糸（ウールか、アクリル系の糸で、あまり細くないもの）

編み方はリリアン編みとまったく同じです。いわば指だけでできるリリアン編み。指に糸をかける筒状編みや、平編みもできます。毛糸が手から外れないように、糸の先端に和結びを作り、利き手ではない手の親指にかけます。順番に人指し指の後から中指の前へ、薬指、小指の順に糸をかけます。小指でUターンし、さらに交互に糸をかけ、人指し指まで戻ります。そこで手の甲から手の平に毛糸をもってきて、小指から編み始めます。YouTubeにtutorialの映像がたくさんあるので、編み方の参考にして下さい。

道具 自分の指

発想のPoint

子どもたちはこの編み物がとても好きです。男の子も女の子も喜んでします。自分のマフラーになるという夢を見ながら根気よく編みます。うれしいものができる動機に支えられてあっという間にマスターします。途中で毛糸の色を変えたければ、糸同士を結ばなければならないという新たな課題にも挑戦できます。ポンポン作りもここで学べます。

Chapter 4 　毛糸とあそぶ

5 毛糸を編む ②毛糸を道具で編む

指編みを憶えたあとに、保育者が用意してくれたこのような編み機で編んでいる姿をよく見掛けます。
5－6歳になれば、実用的な物ができることに夢中になったり嬉しさも感じるようになります。結果を予想しながら最後まで仕上げる集中力も粘りも出てきます

保育者が牛乳パックと割りばしとで作った編み機。リリアン編みの原理で編み物が楽しめます

材料

- よくのびる毛糸（ウールか、アクリル系の糸で、あまり細くないもの）

芯が手に入らなければ、ダンボールを丸めて使う工夫もあります。ダンボールのフルートの中にボンドで短く切った割りばしか、頭の半分をたたきつぶされた釘を止めればよい。ダンボールだとわっかの大きさも調整しやすくなります。突起物の本数を子どもの年齢や経験の度合いにより決めておきましょう。初心者は指の数と同じ5本から。

道具 円柱形のもの（布や布テープが巻かれる太い芯等に、糸をかけるための奇数の突起物を、頭が2センチほど出るように、そしてグラグラしないように、しっかりと固定する。少し編みにくいが割りばしを利用してもよい）

発想のPoint 指の代わりに道具を使います。初心者の子どもには少し大きめの手作りの「編み機」を用意するとよいです。テープの芯などの周囲に奇数の数の割りばしをしっかりと固定しておけば、簡単に作れます。編み方は、「リリアン編み」とまったく同じです。突起物に上下と交互に毛糸を巻いていき、一周したら次の一周へと順々に編んでいきます。指編みより楽なのは、いつでも途中で置いておけること。

Column　あそぼうカー

「あそぼうカー」とは、保育現場に遊びを提供するプロジェクトの名前です。それと同時に、一台の古いワゴン車の名前でもあります（写真①）。2013年9月に走り出し、以降今も活躍しています。保育者養成校として実習生を保育現場に送り出すだけではなく、他の方法でも保育現場とよいつながりを持ちたい、小さいことでもよいので保育現場の力になりたいという思いから立ち上がったプロジェクトです。

すぐに活動をスタートできそうな「土粘土遊び」から活動を開始しました（写真②③④⑤⑥）。学校周辺の50キロ圏内にある保育現場へ出掛けるようになりました。そろそろ満5年になります。最も人気のある遊びは相変わらず「土粘土遊び」です。保育者養成にかかわる教員、特に「遊び」に関する専門的知識や技能を持って教壇に立っている多様な人材に参加してもらう予定でしたが、子どもたちが遊びをする午前中にはそれらの教員が授業に出なければならず、なかなか活動に向かうことが

⑦

⑧

できません。一人の学校職員（得重直純氏）と私の二人で実践を続けてきました（写真⑦）。

「あそぼうカー」は、年に30～40ヶ所の保育現場へ出掛けています。単発的に利用してくれる園もあれば、継続的に来てほしいという要望を持つ園もあります。「あそぼうカー」の「土粘土遊び」を体験できた子どもたち（1～10歳まで）は、すでに数千人にのぼる数になりました。定期的にではありませんが、時には学生が参加することもあります。当初は土粘土遊びのみでしたが、次第に「紙遊び」に興味を示す園も増えてきました（写真⑧）。

初年度、「造形表現遊び」として始まったこの活動は、次第に中身も変化していきました。「作品を作らない、残さない」ということは、当初からこの活動の明確な方針でした。しかし、子どもたちにどのように素材で遊び、どのような体験をしてほしいのか、という視点においては必ずしも明確な方針があったわけではありません。そもそも年に一回、もしくは保育現場の依頼によって数回しか出会えないもの（素材や大人）と何ができるのか。そこには明確な答えがあった訳ではありませんでした。明確なビジョンはないが、遊ぶことは間違いなくできる…。やや不安もありました。養成校側の一方的な片思いか思い込

⑨

⑩

⑪

⑫

みに過ぎないのではないか？保育者を支援するつもりになっているだけではないのか？逆に迷惑になっていることはないか？子どもたちにとってはどうだろうか？等と試行錯誤しながら、子どもたちの遊びの様子を見守りつつ、活動を続けてきました。

　そして、活動を続けるうちに、素材の持つ素晴らしさ、可能性が徐々に見えてきました。なるほど、子どもたちが体験したいのはこのようなことなのか！子どもたちが感じたいこと、したいこと、関心があることはこれだったのか！と。一緒に過ごせる時間はわずか1、2時間です。とても短い時間です。毎日会えるわけでもありません。そのため、大人による誘導を完全になくすことは難しい…。でも今は、大人が導くような時間は可能な限り短くなるように心掛けて活動を行っています（写真⑨〜⑭）。

　子どもたちは何をしたのか、遊んだのか、そのほんの一部ですが、本書の「こども編」で紹介しています。

　この活動を通して最も気付かされたこと。それは、子ども自身が決して「作品」を作ることを望ん

⑬

⑭

⑮

⑯

⑰

でいないこと。遊びの中でできた何かをとっておきたい、持って帰りたい等とは言いません。素材そのものを少し分けてほしい、持って帰って家でもやりたいという子どもはいますが、遊びが終われば、自分で作った何かを惜しみなく元あった場所（つまり箱）に戻し、遊びながら片づけ掃除します（写真⑮〜⑰）。白くなったシートを前にとても満足してい

ます。最も、最初に、私からも子どもたちに伝えています。「何かを作ってもいいし作らなくてもいい。最後は箱に戻し、全部持って帰りますから」。
　そうしたければ、粘土の上で1、2時間、寝ていても構いません。一握りの粘土ではなくたくさんあること。そして、子どもがどのようにしようがかまわないこと（写真⑱〜㉑）。それだけでも子どもたちは安心します。

⑱

⑲

⑳

㉑

　2013年に公開された筒井勝彦監督の保育ドキュメンタリー映画『こどもこそミライ まだ見ぬ保育の世界』の中で、横浜にある「りんごの木」の立ち上げ人でもある柴田愛子さんが強調していることがあります。
『大人が子どもに、どうありたいのかと色々なことを願ったり望んだりするけれど、それは、結局、全部大人の思いであることに代わりがありません。「でも、子どもは感じたい！まず感じたいのです！」』
　私も全くその通りだと思っています。

Part 2 造形あそび
おとな編

第5章：色であそぶ
第6章：自然 - 葉っぱ、実、花、枝であそぶ
第7章：紙であそぶ
第8章：毛糸であそぶ

Part.Ⅱ
おとな編

Chapter 5

色であそぶ

色ってなんだろう？

色は感覚体験です

　色の話を少々一方的な憶測から始めます。色について学び始めると、見るためのメカニズム、目や脳の仕組みなどについて習い始めたり、可視光の特性や色の三属性（色相、彩度、明度）あるいは色彩論について習ったりするのが普通でしょう。でも、ここではあえてそのような話をしません。保育者として行動するのにあたり、目の構造や色を見るためのメカニズムなどよりもっと重要な知識があるからです。それは色がひとつの重要な感覚体験であることを理解することです。色は「体験」です。当たり前のことですが、見ることによって生じる「体験」です。脳内に生じる感覚体験（知覚体験）が感性のひとつです。

　さらに、これも重要なことですが、私たちが体験する色にはたいていの場合、名前もあります。しかし、その色の名前を学習するのには時間がかかります。色の名前は言葉であり、言葉を覚えるのに時間がかかるからです。私たちを取り囲む世界は無数の物、素材やパターンや形、そして色から構成されています。ひとつの具体的な物の色がどの色のグループの仲間なのか、実は言語によって若干異なります。見ること、見えることを言葉から切り離して考えることは無理です。

造形表現と認知能力

　現在の保育界では非認知能力がかなり注目され始めているようですが、私はここであえて認知能力と、それにかかわる言葉に注目したいのです。造形表現活動の中で子どもたちと色遊びをすることがよくあります。一般的に「絵の具」や「クレヨン」等を使うことが多いです。また、造形表現教育は「感性教育」とよくいわれています。でも、このような遊びを通して何が育つのでしょうか？子どもたちは絵の具や道具の使い方を覚え始めるだけでしょうか？創造性や美しいものに対する感性（感受性）が育つのみでしょうか？

　例えば、保育の場合、色遊びは表現領域に振り分けられる保育内容となります。子どもたちは色遊びをたくさん経験できることによって色に対する「感受性」（例えば、何となく気持ちのいい色、きれいに見える組み合わせ、面白い混ざり具合、力のある色、優しく感じる色等）も育つかもしれません。しかし、おそらくそればかりではありません。たくさんの色を体

験できると、子どもの頭の中も実は整理されていくことになります。それはどのようなことなのか？少し遠回りして「色と言葉の話」をします。

クレヨンの本数はなぜ12色？

　世界中で7000～1万位の異なる言語が使われているといわれています。言語の数え方が（分類の仕方が）専門家によって若干違いますが。いずれにしても言葉のこの多さに驚きます。確かに、私たちが通常知っている言語の数や種類よりはるかに多いのです。

　さて、色の名前も言葉（単語）です。人が話すすべての言語に色の名前もあります。では、日本語の中に果たして色名がいくつあるのでしょうか？ここで言う「色名」は基本色の名前（基本色名）のことです。例えば、「赤」や「青」のような名前です。基本色名から言葉を眺めると、それぞれの言語がかなり違っていることがすでに知られています。

　色名が最も少ない言語の場合ですと、色名が二つしかありません。その二つの色はどれだと思いますか？正解は「白」と「黒」です。もう少し正確に言うと「明るい色」と「暗い色」という色名しかありません。3つの色名がある言語では3つ目がなんでしょう？「赤」です。そして、基本色名が最も多い言語になると11個あります。日本語では色の和名も使われているため、世界一、色の名前が多い言語は日本語と思う人も少なからずいます。でも、実は基本色の名前の数は日本語でちょうど11個です。これより多い色名を持つ言葉が今のところ見つかっていません。では、ここで幼い人間のために作られる基本色、クレヨンや絵の具を思い出して下さい。12色です。これにはきちんとした理由があります。

　日本語の中で確かに色の和名（山吹色、藤色、鶯色などのような）もあります。伝統的に使われる色もあり、西洋の色とは色合いが若干違います。それは事実です。しかし、基本色名となると日本語は英語とまったく同じです。山吹の花のような黄、藤の花のような紫、ウグイスのような緑などというのは「黄」「紫」「緑」のグループの仲間です。「山吹の花のような色」というのは色の類似性に着目する「比喩」の一種です。そのまま口にするのに長過ぎて、省略して「山吹色」と呼ばれるようになっただけのことでしょう。基本色は「黄」「紫」「緑」であって、すべての色がこの11の色グループのどれかに分類されます。ということは、白黒を含めるとクレヨンの本数が12色ということに合理的な理由があることに納得できます。

　子どもが幼児期に覚える言葉の中には色の名前も含まれています。そして、その色名が全部「基本色名」です。「黄色」という言葉より「山吹色」という言葉を先に覚える子どもが珍しいでしょう。さて、言語学などでこのような「似た者同士の集合」（グループ）を、「単語」と呼んだり「カテゴリー」とも呼んだりします。他のところでは「範疇」と呼んだり「概念」

Part.II
Chapter 5
色であそぶ

Chapter 5 色であそぶ

と呼んだりします。意味するところは基本的に同じです。使われる領域が違えば、呼び方も違うということです。「色名」も「数名」もそのようなカテゴリーであり、抽象的です。

　カテゴリーとは、具体的な物が違っていても、ある視点から見れば「同じと見なされる仲間同士の集まり」のことです。熟したトマト、テーブルの上のケチャップ、指を切った時の血など、物がまったく違い

ますが、どれも「赤色をしているグループの仲間」というわけです。子どもが言葉を覚え始める時、自分の名前や家族の名前など、一個しかない固有名詞は別にして、基本的にこのようなグループの名から覚え始めるといわれています。そのことは実に驚きです。物の色を見て色がわかり、その色の名前もわかるようになると、世界が一層くっきりとした秩序のある世界に感じられるでしょう。

言葉も世界を見るための窓

　例えば「赤」という色名があります。「赤」という言葉はひとつの特定の色を指している言葉ではないことに納得できましたね。無数にある赤色のグループの名前です。その中に典型的な赤もあれば、少し珍しい赤もあります。熟した苺の「赤」、夕日の「赤」、血の色、朱の赤、赤大根の赤、イロハモミジの赤。でも、見えている色は「赤」なのか、それとも「オレンジ色」なのか、微妙な違いしかなく、曖昧になるところもあります。客観的に見分けられると思うでしょうが、実はそうではありません。

　なぜなら「色」というのは連続的につながっているものなので、物理学で、スペクトラム（連続体）と

呼ばれています。そのスペクトラムの中でどこからどこまで「赤」と見なされるのか、どこからどこまで「オレンジ」と見なされるのか、実は言語によって違います。連続するスペクトラムには、色と色とを明確に分けられるための線が引かれていません。目で見てよく分からない曖昧なところでは私たちはどうしているかと言うと、実は言葉によって線を引き、切り分けています。ということは、私たちが色を見ているのは、目だけではないのです。言葉でも色を見て、色と色との間にあたかも線があるかのように、分類し、整理しています。

言葉以前の子どもたちの感性について、私たちはまだよく知らない

　もうひとつ見ることと言葉の関係について考えてみましょう。日本語で言う「青物」はどのような意味ですか？「野菜」、あるいは野菜の中で「葉物」の一般的な名前ですね。「緑色」をしている葉物ですが、「青物」と呼ばれます。なぜそうなるのか、少し不思議です。実は、それは日本語で「青」と「緑」との間に境界線が引かれているところと、他の言語の線引

きの仕方とが少しズレているからです。

　同じ色であるはずなのに、名前も見え方も違って来ます。日本語で言う信号の「青」は、他の言語では「緑」と呼ばれ、そして緑色として体験されます。このことを知っていれば、色の感じ方（体験する色）と色の名前（言葉）とが実に密接につながっていることもわかります。目を窓に例えて、目を「心の窓」とも

いいます。でもそれ以前に目は世界を見る窓です。しかし言葉も私たちが世界を眺めるための窓です。

不思議なことですが、虹の色を2色とする言語もあれば、7色とする言語もあります。一旦物事に名前をつけてしまうと、感覚体験が言葉の方に私たちの感性を引っ張って行き、気づかないうちに歪ませていくといわれています。認知言語学などではこの現象がよく知られ、「範疇知覚」や「カテゴリー知覚」

と呼ばれます。物事に一旦名前がついてしまうと、私たちの感覚が歪んでしまいがちになります。このことを考えると少し恐ろしい気もします（今井むつみ著『ことばと思考』、岩波新書、2010）。

言葉を覚え始めると、子どもたちの物の見方や感じ方、世界との関わり方が激変します。言葉以前の子どもたちの感性について、私たちはまだよく知りません。

感性と言葉のギャップ

さて、独創的な色で描かれた子どもの絵を見ている表現教育の専門家の中には、「豊かな創造性の芽生え」「美しさに対する感性」などと感心する人が多いです。例えば、子どもの色使いが常識破りで、形の描き方にも意外性があり、独創的な構図で、とても自由な表現に見えたりします。しかし、それは、もしかして、創造性や美に対する感性とは無縁かもしれません。創造性や感性以外の理由で説明できるかもしれません。

自由奔放に描かれた絵を見た時、確かにそこにある種の自由さを読みとりやすいでしょう。しかし、そう思ったり感じたりするのは子ども自身ではなく、「見ている大人」だということを忘れないほうがよいでしょう。子どもの絵などの表現を見ている時の

大人の理解の仕方、あるいは大人が身につけている感性と、子どものそれとは必ずしも一致していないことに常に注意を払う必要があります。保育者が関わる子どもは、色の使い方やその意味をはじめ、表現することとは何か、何をどのようにすれば「表現」となるのか等、学び始めたばかりの子どもたちです。

そのような子どもたちが描いたり作ったりしたモノをさまざまな視点から読んだり評価したりすることはできます。しかし、まず大事なのは、結果（形になって現れ、作品として残されるモノ）というアウトプットではなく、そのような遊びに伴う感情体験、つまりインプット側に関わる感性（感覚体験とそれに伴う感情体験）です。

絵の具は何でできている？

簡単にいえば土や岩の粉、粉を溶かすためのものと、糊

絵の具にはいろいろな種類があります。保育の中でよく使われる絵の具の種類はそれほど多くはありませんが子どもが触っても安全で、万が一口に入れても体に害のないものに限ります。絵の具の主な成分や性質を知っていれば、自分でもより適切な判断ができるので、主な成分や特性を覚えておきましょう。

絵の具の主な成分は、簡単に言えば「色の素」（色素）と接着剤、つまり糊です。色素は顔料と呼ばれるときもあれば、発色成分と呼ばれることもあります。「色の素」は、本来は天然物しかなく、主に色のある「土」や「岩」（鉱物）です。土はもともと粉状ですが、岩であれば、手や機械で粉状に砕く必要があります。そのため、色素ができるのにはかなりのコストがかかります。そもそも見つけることも容易ではありません。画材の専門店に行けば、この色素を手に入れることができますが、かなり高価なものです。

では、粉状の色の素が手に入ったとしましょう。どうですか？粉状のもので絵が描けそうですか？　昔は紙や布ではなく、直接壁に描くことが普通でした。粉で壁に描けそうでしょうか？　折角できた絵が、風で崩れてしまったり、くしゃみひとつで飛び散ったりします。他に必要なものは何でしょう？それは接着

剤です。固定剤とも呼ばれます。

色素は、もともとは、土や岩です。では、きめの細かい粉状のもの、例えばココアパウダーを水で溶かす経験があるかと思います。なかなか溶けませんね。水や牛乳の表面に浮いてしまい、なかなか上手く混ざりません。色素も同じです。水に混ぜて溶ける粉もあれば、そうではない粉もあります。

色素を溶かすために使われるものを溶剤といいます。そして何かに定着させるために使われるものを固定剤ともいいます。ここでは溶剤と固定剤をあえて区別しないようにしましたが、絵具の種類はこの3つの成分の組み合わせで決まります。

■ 水彩絵の具

水で溶ける色素と水で溶ける糊とを混ぜ合わせると、できるのは水彩絵の具（ポスターカラーやガッシュ、学校などでよく使われる透明水彩絵の具、アクリル絵の具）です。

皆さんの中に切手の味を知っている人がいますか？なめたことがある人にはわかりますね。口に入れても大丈夫だからこそ切手の裏に塗られています。その糊の名前はアラビアガムです。アカシアと

いう木の天然樹脂です。でも、切手の味を知らない人でも、この樹脂をよく口に入れているはずです。そのようにしていることに気付いていないだけです。

　アラビアガムは普通の液体糊としてだけではなく、水彩絵の具の糊としても使われています。そして、食品添加物としてもよく使われています。アイスクリームやガム、お菓子類のマシュマロやグミ、ガムシロップ等はその典型的な使い道です。後から味や色がつけられるので、これはもともと何だったのか、気付き難いです。というわけで、子どもが水彩絵の具をうっかりなめてしまったとしても、慌てる必要がないということもわかりました。そもそもほぼ毎日それとは知らずに食べていますから。

　水彩絵の具に水性アクリル絵の具というものもあります。保育の現場でこれもよく使われます。ここで使われる糊は20世紀になって開発された合成樹脂（アクリル樹脂）です。メキシコの画家たちによって開発された新しいタイプの絵の具です。乾かないうちは水で溶けますが、一旦乾いてしまえばもう水では溶けません。髪の毛や服についてしまい、そして乾いてしまえば、洗っても、洗っても落ちません。うっかりして筆を洗い忘れてしまえば、翌日には間違いなく直立不動になります。筆は石鹸などを使い丁寧に洗って下さい。もっとも、この特徴が逆にこの絵の具の最大の強みです。発色が綺麗で、いろいろな素材に着色することができます。紙素材はもちろん、布や石、木材、外壁の板やコンクリートの壁画、ガラス、アニメーションのセル、車の鉄板のような金属面等、応用範囲がもっとも広い絵の具です。

Part.II Chapter 5 — 色であそぶ

■テンペラ

　水彩絵具の他に水で溶ける絵の具はテンペラです。テンペラの絵の具は色素の粉に卵（黄身）を混ぜてできます。油彩絵の具が画家たちによって開発される前、西洋でこのテンペラ絵の具が多く使われました。保育で使われることはありませんが、作ろうと思えば自分で作ることができます。

■油彩絵の具

　西洋絵画の世界では他によく使われるのは油彩画用の絵の具です。色素を油で溶かし、布地に塗ります。乾くのに時間がかかりますが、その代わり長持ちもします。写真のような、本物そっくりの写実的な絵の美しさに世界中の人々が驚いたことでしょう。

■日本画用の絵の具

　西洋の油彩画にインスピレーションを得て作られた日本独自の絵の具があります。主に岩絵の具等に膠（にかわ）という糊を混ぜ、和紙や絹の布地に描かれる日本画用の絵の具です。膠は動物や魚の骨や皮を煮詰めてできるゼラチンのことです。本来は竹や木材を固定するために、建築や楽器作り等の分野で広く使われたものです。保育の中で使うことはありませんが、日本独自の文化として憶えておくのもよいでしょう。

　さて、ここまで理解できたら、絵の具は自分でも作れる気がしてきませんか？もちろん、自分でも作れます。本物に近い絵の具づくりに挑戦すれば、子どもたちは絵の具を一層深く理解し、体験的に学べます。さまざまな表現技法を学ぶより、もっと重要な体験となるかもしれません。

絵の具がない　使えない
使わない場合どうする？

色のある他の素材を使う

　絵の具がなければ最初から色のある素材で遊びましょう。色遊びは色自体に注目する遊びなので、素材や形はとりあえず関係ありません。

　絵の具があまり使えない環境や使えない状況もあります。水道が使えなかったり、人手不足や時間的な余裕がなかったりすることも現実にはあります。

　そのような時、保育者の工夫や経験、そして柔軟な発想力が頼りになります。色遊びイコール絵の具やクレヨンを使う遊びではありません。始めから色のある素材を集めてきて、その"色"に着目して遊べば、それは色遊びです。

■ 花紙

　色のある素材でよく使われる素材のひとつは「花紙」です。花紙の色は20色もあり、色を楽しむことができます。薄い紙素材なので、手でちぎったり、切ったり貼ったり、並べたり、重ねたりすることは子どもにも容易にできます。

■ 画用紙の切れ端

　教材倉庫には、色画用紙の切れ端がよく溜まるものです。貴重な素材です。できれば無駄なく使いた

いです。床に並べて、糊や接着テープで貼り合わせただけでも美しいものになります（次ページ②）。

■ フェルトや布地、毛糸

　フェルトや布の切れ端、残りの毛糸なども色遊びに使えます。形を無視してそのままつなげてもよいですし、形で遊ぶことにつなげていくのもよいでしょう。ハサミで小さく切り刻んで使うこともできます（左ページ③④）。

■ 葉っぱや花など

　自然から得られる素材に、"色"の視点から注目するのも面白いです（前ページ⑤）。紅葉した葉っぱだけではなく、緑の葉っぱを集めてみれば、同じ緑色だと思っていたのに、実に色々な緑色だったことに気付かされます。また、花（花びら）を色遊びに使う発想もいいですね。

■ ボトルキャップ

　"並べる"という造形遊びのひとつとして取り組まれた「ボトルのキャップ」です（前ページ⑥）。ペットボトルのキャップだと、どうしても白いものが多くなりますが、保護者や地域の人々に協力していただけ

れば、色物もたくさん集められます。さまざまなサイズのボトルキャップがあれば、一層面白い遊びに発展します。床に並べただけでも十分きれいです。周囲にガーデニング用の砂利石を並べておけば、できあがったものが崩れることもなく安心です。

■ 紙テープ

　紙テープをちぎったり切ったりして色遊びとして楽しむこともできます（前々ページ⑦）。もちろん「花火」のように並べる必要はありません。

絵の具がない（使えない／使わない）とき

　絵の具がない理由はいろいろです。用意したくても買うための予算が足りない場合もあれば、小さい子どもにそこまで体験させる必要性がないとする考え方もあります。

　子ども達が絵画を描くことで有名な保育園があります。5歳位までは一色のフェルトペンで好きなだけ絵を描き、それらしく形がしっかりと描けるよ

うになってから、カラフルな絵の具を使い始めます。年長児クラスからです。

　また、他の理由から絵の具をあえて用意しないという発想もあります。絵の具を最初から与えるのではなく、絵の具がどのようにできるかを遊びなが

②

ら体験し探求します。
　絵の具の主な成分がわかれば、自分で絵の具が作れることがわかります。色の素(色素)となる粉を溶かし、糊を混ぜてみればよいのです。台所にあるココア、コーヒー、きな粉、パプリカ、液状やクリーム状のものにノリを混ぜて絵の具代わりに使ってみる手もあるでしょう。
　色探しや絵の具作りの視点から、土を見直すこと

も楽しい学びになるはずです。造形表現教育の実践で注目されるイタリアのレッジョエミリア市。その幼児学校では、落ち葉や枯葉を集めて絵の具作りを楽しんでいるプロジェクトもあります。時間や手間はかかりますが、実に深い学びができます。
　花や葉っぱ等で色水を作ったり描いたりする遊びを子どもたちがよくします。顔料で作られる絵の具ではなく染料(例えばインク)の手法ですが、絵を描くことができます。

Chapter 5　色であそぶ

何を使ってぬる？

筆やハケ以外にこんなものも

■ ローラー

ローラーを引いた跡の線が面白いです。しかし、ローラーは決して安い買い物ではありません。使う機会があれば、是非試してみたいものではあります。

ローラーでトレースされる幅の広い跡や、太くて長い線をいっきにひける勢いの良さを体験できます。また、色遊びも同時に体験することができます。広い面積をスピーディーに仕上げる体験も面白く、転がして走らせる感覚がまるで乗り物のおもちゃのようで、子どもたちの想像力を刺激します。

■ タンポや綿棒

タンポは、既製のものもありますが、自分で作れます。例えば、軍手の指先を切り落とし、綿を詰めて、輪ゴムで割りばしの先端に固定しておけば手作りのタンポを用意できます。絵の具につけると、タンポは水分をたっぷりと吸いあげるので、筆やハケよりも重くなります。子どもたちはタンポでよく叩きます。

筆代わりになる道具として少し意外なのは綿棒です。サイズの小さなタンポです。小さい道具なので、特に細かい作業に向いています。絵の具につけると適度の量を吸い上げてくれるので、絵の具が垂れる心配もありません。

■ スポンジ

スポンジとして商品化されて販売されているものを使ってもよいし、不要になったマットレスや座布団などを使うこともできます。

■ 手

究極の道具は"手"です。写真は、大人が体験している写真ですが、色遊びと同時に、絵の具や紙の触感、動きによってできる形状も楽しいものです。

※許可を得て、壁面に絵を描いています。

どこにつける？

指、体、土粘土、石、葉っぱ e.t.c..

■フィンガーペインティングや ボディーペインティング

子どもの場合、色遊びや絵の具遊びへの導入として、あるいは遊びの発展形として、フィンガーペインティングやボディーペインティングをよくします。

この時、自分が使用する絵の具の適度な量を見測ることは大人でも難しく、どうしても多めに取りがちです。結果的にかなりの量を残してしまうことになります。余った絵の具を水に流すのではなく、手に塗ってみることをおすすめします(①、次ページ②③)。

■土粘土や石

土粘土遊びの延長で、土粘土に色塗りを始める時、子どもたちが無言になることに驚きます。デコボコした表面に色を塗ることに子ども達がどれほど集中するのかよく伝わってきます(「土粘土」の章参照)。

■布や不織布

便利なアクリル絵の具があるおかげで、布地に色をつけてみる色遊びもできます。

パネルシアター用の素材となる「Pペーパー」(不織布)を使用することもよい考えです。

以前とは違い、今は色付きのPペーパーが手に入りませんし、自分で色付けした素材で作れば、販売されたものよりも、造形的な視点から見て、きれいなパネルシアターに仕上がります。

■枝、角材、葉っぱ

使い慣れた紙ではなく、形や素材が変わったものに色を付けることは決して楽ではありません。子どもたちは非常に集中します。自然の枝や葉っぱ(次ページ④)、角材に色を塗り、小さく切り分けて積み

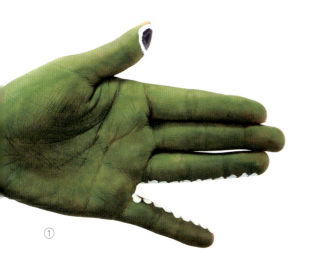

①

Chapter 5 色であそぶ

②

③

木に仕上げたり、食べ物に見立てたりすると、手作りのおもちゃにもなります(⑤)。

■ ビニール傘

ビニール傘に色を付けてもよいでしょう。アクリル絵の具で色や模様をつけるとカラフルな傘ができあがります(⑥)。

■ 発泡スチロル

発泡スチロルを使った立体工作で、アクリル絵の具で色をつけることによってその完成度を高めることもできます。

④

⑥

⑦

⑧

Part.Ⅱ
Chapter 5
色であそぶ

できたものをどうするの？
どう使う？

「作品」と「表現」の違い

　子どもがしたことが最後に必ず何か形のあるモノとして残ります。色や形があることでそれが「作品」と呼ばれる場合もあれば、「表現」と呼ばれる場合もあります。「記録」や「トレース」と呼ばれることもあります。「プロダクト」と呼んでもかまいません。私たちは確かに「作品」という呼び方によく慣れていて、「作品」と見ることが多いはずです。

　しかしながら、この言葉自体、ある種の呪縛です。字義通りの意味で、意図して作られた品、何かを表そうとして結果としてできた品ではあることに違いはないですが、私たちはどうしてもこの"結果"を大事にしなければという思いからなかなか自由になれないようです。本当に大事なのは結果ではなく、そこに至るまでの"過程（プロセス）"で、その過程の中で体験できたことだと自分たちを納得させようとしますが、体験自体は手に取ることも、人に見せることもできません。

　自分たちの保育実践の結果を人に見せなければならないプレッシャーもあり、見る人の目を気にしながら、造形表現活動は作品作りに取り組んでしまうことになりがちではないでしょうか。

　「作品」ではなく、代わりに「表現」と呼ぶとどうなるでしょうか。子どもがしたことには違いはありません。理解していること、関心があること、何かの思いや気持ちや意図も表現されているかもしれません。

　広い意味で「心の中」にあった何かが表れているともいえます。

　残されるモノをなんと呼ぶのか、実は悩ましい問題です。色の名前について述べた際にすでに触れたことなので、繰り返しになりますが、私たちは何かを見る時でさえ、どうしても言葉の影響から逃れることはできません。一旦名前がついてしまえば、とりわけ曖昧な領域では、私たちの感覚が言葉の方に歪みやすくなるからです。同じものなのに、作品と呼んでしまえば、作品らしく見えて、作品らしく扱います。表現と呼んでしまえば、何かを（例えば心の中を）表すモノとして理解しようとします。

　「記録」の一種と呼ぶのであれば、記録として扱うこともできます。

　また、この"モノ"を他の色紙と同じく、色紙と呼び、紙素材として見ることも可能です。子どもたちに遊びの素材として提供したりすることもできるはずです。

このページにある写真は、学生たちの大きなコラージュです。グループワークで制作され、しばらくの間、部屋の間仕切りとして使用されました。

絵の具が塗られた「画用紙」はかなり丈夫です。その紙をテープ状に切り分け、ホチキスで大きさの異なる輪にしてから、床に並べてさらにホチキスでつなげてみました。まるでカラフルなバブルのようです。帽子作りの素材として使用したり、風車になったり、靴やサンダルになったりしたときもありました（92ページ⑦）。

紙ではなく布に色遊びをした時は、その布が「エコバッグ」（92ページ⑧）やパネルシアターの舞台を入れるための「バッグ」になったり、「遮光カーテン」になったりしました。

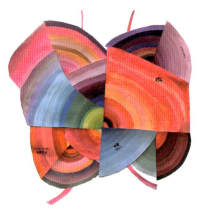

Part.II
Chapter 5
色であそぶ

Chapter 5 色であそぶ

Part.Ⅱ−自然

おとな編

Chapter 6

−葉っぱ、実、花、枝
であそぶ

大人編では、子どもたちが一人でするには少し難しいと思われる造形もご紹介します。しっかりとした葉脈のある葉っぱを裏返してその上に紙を置き、クレヨンでこすって葉脈をうつしとってみたり、コラージュを楽しんだり。自然物を使って文字を'描く'こともできます。アイデアはいろいろあるはずです。

1 切って並べる

素 材
- 葉っぱ等

発想のPoint　葉っぱの他に枝や花や実を加えたり、色紙を加えてみてもよいでしょう。紙の上にノリで貼る必要もありません。並べるだけで充分です。形を自由に変えられること、他のものと合わせて使えること、形を何かに見立てたり、並べ替えたりするだけで「何かが表現できる」ことに気付きます。

2 こすって紙に'コピペ'する

素材

- 葉っぱ

葉脈がしっかりと感じられる葉っぱの裏面を使います。クレヨンでこすります。クレヨンを寝かして持つとやりやすいです。クレヨンは持ちやすい大きさに折って使うとよいです。コピペができたら紙をハサミで切り取ってみます。

❶ 葉っぱがズレないように、あらかじめ糊付けパネルでこすり出し用のボードを作っておくと便利です。葉を並べ、空白を削られたコンテパステルやチョーク等の粉状のもの（きな粉やココア等）で埋めておいてから使います。

❷ パステル以外の画材も試し、結果を見比べてみます（オイルパステル、色鉛筆等）。

❸ 色を重ねたり途中で換えたりして混色を楽しみます。

❹ 材質の異なる紙を試し、その違いを体験します（コピー用紙、半紙、新聞紙、折り紙等）。

❺ 紙のサイズ、形もいろいろと変えてみます。

❻ 葉っぱをあらかじめハサミで丸や三角等の形にしてからこすります。葉脈がもたらす葉っぱらしさに気付かされます。

クレヨンの粉が手に付いて気になるようなら、手ふき等を用意しておきます。

- ライティング・テーブルの上でワークするのも葉っぱの形がよく見えて、面白いです。
- コピペされた葉っぱに（保育者が）フィクサチーフ*のスプレーをかけてもよいでしょう。
- 押し花にされた葉っぱは薄過ぎて壊れやすいのでこのワークに不向きです。
- 他にもコピペできるものはないかと周囲を見まわしてみましょう。

*フィクサチーフ：定着液のこと。吹きつける液体。樹脂やにかわなどを揮発性溶液で溶かした薄いニスのこと。

Chapter 6 自然ー葉っぱ、実、花、枝であそぶ

3 コラージュする

素材

- 葉っぱ

コピペし、切り取った葉っぱをてきとうに並べます。生の葉っぱと、コピペして切り取った葉っぱを重ねて貼ったりして、コラージュします。色紙を加えてもよいです。のりで台紙に貼って仕上げます。

 種類、大きさや色がたくさんあった方が発想が広がります。編集の仕方は基本的に自由。科学図鑑風に編集したり、似たような形でグループ化したり、サイズや色に注目したりするのもよいでしょう。葉っぱを単に大きさ順に並べてみても面白いです。本物とこすり出しを交互に並べても面白いです（葉を観察しながら子どもが描いたものと組み合わせてもよいでしょう）。
葉っぱらしい葉脈が生む効果を見比べ、その違いについて考えるアートワークにしてみるのも可能です。

Chapter 6 自然 — 葉っぱ、実、花、枝であそぶ

4 文字や数字にする

素材

- 葉っぱ

葉や草の実、細い枝、花などを切り分けて使います。あらかじめ印刷した文字の上に並べて置いてみてもよいですし、文字を見ながら形を真似てみるのもよいでしょう。

発想のPoint

保育者に楽しめるオプションとしてご紹介します。自然素材で特に何かを表現したいというアイディアやイメージが浮かばない時、文字や数字を作ってみても楽しめます。独自のフォントが容易に作れますし、面白く、魅力的です。写真に撮り、パソコンに取り込んでアプリケーションで切り取ったりすれば、他の制作物や壁紙やお便りや行事で使うなど、いろいろなところで使えます。印刷して、ハサミで切り取っても面白いです。

Part.II ── 紙であそぶ
おとな編
Chapter 7

　紙の使い方に関して大人のほうがいろいろと知っているだけに、「こうしなければならない」という思い込みも当然、強くなります。その典型的な例は花紙です。イベント会場を飾るものとして保育現場でもよく使われるので使うことに慣れていますが、お花を作る目的以外の使い方はなかなか思いつきません。花紙に限らないことですが、各種の紙を素材として改めて見直してみると、紙素材から多くの遊びが引き出せることに気付かされます。

1 大きな紙を作る

材料

- 花紙（全20色）等
- ボンド（水で薄めたもの）
- 塗装用の霧吹き用の容器

シートやフレームに霧吹きで水をまんべんなく吹きかけます。その上に花紙を適当に並べて置きます。次に、水で薄めたボンドを霧吹きで吹きかけます。できるだけすきまを残さないようにします。これを4層位重ね、乾燥させてシートから剥がします。

発想のPoint 簡単に壊れてしまう脆い紙（和紙）でもこのようにすればしっかりした丈夫な紙に変身し混色も楽しめます。四角い形にこだわる必要はなく、自由自在に並べて、乾燥してから形を決めてもよい。行事で使われた花飾りもこのように使えば無駄になりません。使い方は、包み紙から絵作りの素材までいくらでも。

2 壁掛けカレンダーを作る

材料

- 花紙（薄紙）
- 塗装用のビニールシート（またはゴミ袋）
- ボンド（水で薄めたもの）
- 霧吹
- 必要に応じて普通ののり
- 古いカレンダーから切り抜かれた数字や文字

大きなシートを作るときの要領で作りますが、サイズは小さめに。季節感に合わせた色合いを工夫しながら色を選びます。数字や文字（月や日の名前）を貼りつけてから、花紙で絵柄も表現し、乾かします。

発想のPoint　独自の感性でオリジナルのカレンダーが作れます。古いカレンダーの数字と文字を使うとより本物っぽく見えますが、数字を手で書いてもよいでしょう。写真を見ながら季節らしい色合いを考えるのもよいでしょう。

Chapter 7　紙であそぶ

3 空気を包む

材料

- 花紙

花紙をくしゃくしゃにしてもむと柔らかくなります。丸めると団子のようにもなり、立体的になります。こよりのように細くなります。これらの体験を組み合わせて何かを表現してみます。

 花紙の特徴を知るアートワークのひとつ。薄くて平らな紙が膨らみ、立体的になることに気付かされます。団子になった花紙をそのまま台紙に並べて貼ってもよいでしょう。

4 画用紙で筒をつくる

材料

- 自分たちで色遊び等を楽しんだ画用紙（ケント紙）

画用紙を折り曲げて、ホチキスで止めてからテープでしっかりとつなぎ合わせます。一人で難しい場合は友達や同僚の手を借りましょう。

発想のPoint
立体的になったことで絵の表情（見え方）が変わるだけではなく、折り曲げられたことで生じる紙の力（元に戻ろうとする力）を感じることもできます。立体的になった紙を並べたりつなげたり、筒状の紙に切り込みを入れたり、切り抜いたり穴を開けたり、何かを足してみたりします。

5 バブルのような輪つなぎ

材料

- 自分たちで色遊びを楽しんだあとの画用紙（ケント紙、両面色づき）

床の上でワークします。細長く切られた画用紙をホチキスで輪に綴じます。数個の輪を用意し、子どもたちが作った輪をそれに自由に足していきます。

発想のPoint
一風変わった輪つなぎです。最終的にどのような形になってもOKです。サイズが不ぞろいのほうが美しいです。

6 画用紙で帽子を作る

材料
- 子どもたちが色遊びを楽しんだ画用紙

細く長く切られた画用紙で頭に合うサイズの輪を作ります。その輪を土台にして適当に切られた画用紙を足したりします。ホチキスやのりで止めておきます。

発想のPoint
画用紙はケント紙を使います。紙を折り曲げた時の力を活かした表現です。ホチキスやテープで止めて自由自在な形になる面白さを楽しめます。頭のサイズにさえ合っていれば形がどのようなものでもかまいません。

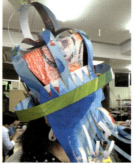

7 紙の強さを知る

材料

- 子どもたちが色遊びを楽しんだ紙（ロール紙や障子紙等）
- 新聞紙

新聞紙で固い棒を作ります。一個の「ピラミッド」を作るのに棒が6本必要です。棒の芯が空洞にならないように固く巻き、三脚の原理にしたがってピラミッドを組み立て、セロハンテープで止めます。三角に合わせてロール紙を切り分け、のりでピラミッドの骨組みに貼ります。

発想のPoint 薄くて自力で立てない新聞紙もこのようにすれば強くなります。三脚の原理でユニットをつなげていくと、もっと大きなものも作れます。

Chapter 7 紙であそぶ

8 余り紙で作る

材料

- 倉庫に溜まっている画用紙の切れ端

床の上に紙の切れ端を隙間なく並べます。これをクラフトテープでつなげます。浮いているところものりでつなげます。

 紙を無駄なく活かすことができるのと同時に、クラフトテープやのりの使い方も上手になります。紙の色や形によって無数の組み合わせができ、近代絵画のような一枚絵になります。適当に裁断してさらに絵を描いたりするのもよいでしょう。何かの台紙として利用してもよい。

Part.II

おとな編

Chapter 8

毛糸であそぶ

　おとな編では、少し手のこんだ高度な毛糸の巻き方をご紹介します。ボール紙に巻いたり、ネイティブ・アメリカンのゴッド・アイを作ったり、人の形に見立てて巻いたりしてみます。

　ゴッド・アイ（God's eye：神の目）とは、ネイティブ・アメリカンの伝統的民芸品です。日本のお母さんが子どもの無事を祈って子どもにお守りを持たせるように、ネイティブ・アメリカンのお母さんも子どもにゴッド・アイを作るそうです。「おとな編」では、規則正しく巻くルールやパターンに注目してみましょう。

1 毛糸を巻く ①形を楽しむ

材料

- 毛糸
- 小枝

事前に小枝を適当な長さに切っておきます。2本か3本の枝を輪ゴムで仮止めし、適度に毛糸を巻いていきます。必要に応じて枝にノリをつけて毛糸が簡単にはがれ落ちないようにします。

発想のPoint

枝と枝を組み合わせ、そこに規則正しく毛糸を巻いたクラフトワークをよく見かけます。規則正しく巻くことは初心者の子どもにとってはなかなか難しい作業です。規則正しく巻く前に、適当に巻いてみましょう。隙間が埋まると思わぬ形が見えてきます。きちんと巻かなくても、何もなかったところに不思議な形が見えてきます。

2 毛糸を巻く ②ボール紙に巻く

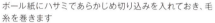

ボール紙にハサミであらかじめ切り込みを入れておき、毛糸を巻きます

材料

- 毛糸
- ボール紙

 ボール紙を丸い形に切り、ハサミで対角線にそって切り込みを入れます。中心部から少しずつ毛糸を巻いていきます。毛糸の先端部分と終わりをノリで止めます。

発想の Point

毛糸を巻く①の発展系です。小枝がない場合、このような巻き方もできます。織物を楽しむ導入にもなります。ゴッド・アイ（③参照）のように巻き返しをすれば、模様が作れます。枝とは違い、毛糸がはがれ落ちやすいので、最後にノリで毛糸を止めておくとよいです。また、丸い形だけではなく、他の形に挑戦してみても面白いでしょう。

Chapter 8 毛糸であそぶ

3 毛糸を巻く ③ゴッド・アイ

材料

- 毛糸
- 小枝

枝2本か3本を輪ゴムで仮止めします。枝が対照的な形になるように真ん中当たりで束ねて仮止めし、毛糸を中心から巻き始めます。毛糸の色を途中で他の色に変えるときは、一旦枝にノリをつけて毛糸を枝に固定してから毛糸を切り、他の毛糸を足していきます。巻くときは(右利きの人は)左手に枝をもち、糸を一回巻いて、枝を回しながら次の枝に進んでいきます。

115

Chapter 8 毛糸であそぶ

ゴッド・アイを作り始めてから気付かされた変形です。巻き方の原理は同じですが、非対称的になる巻き方。形が歪んでもまったく問題はありません

出来上がったゴッド・アイを窓辺に飾ったところ

発想のPoint ネイティヴ・アメリカンの間ではゴッド・アイ（神様の目）として知られるものです。伝統的な民芸品です。日本では大分前から子ども向けのクラフトとして親しまれています。ルールやパターンに注目するという意味で有意義なクラフトだといえます。もっと綺麗にしたければ枝の先端等に最後にビーズなどをつけるとよいです。

4 毛糸を巻く ④人間に見立てて巻く

材料	

- Y字型の細い小枝
- 毛糸（主に赤と白）
- わた
- ワンダークッション（スーパー・フォーム）の包装材（頭部になるもの）
- 赤いフェルトか赤い花紙

（サンタクロースを想定して）Y字型の枝の上部に腕になるもう一本の枝を固定し、毛糸を適度に巻きます。毛糸を必要に応じてノリでとめます。頭部をつくる時、ここでは包装材のワンダークッションを使用します。わたでもよいでしょう。わたで髭をつくり、赤いフェルトで帽子やマントを作り、黒いフェルトでベルトやブーツを作ってもよいです。

発想のPoint　枝に糸を巻くことで人間の体を表現します。Y字の枝で足を表現するなら、腕に他の枝を利用します。枝の形によって動きを表現できます。

5 毛糸を巻く ⑤クギに巻く

色のついた釘を使っても面白い

材料

- 毛糸や糸などの繊維（テープ状のものでもよい）
- くぎ
- 板
- 金槌

板に好きなようにクギを打ち、毛糸や糸を巻いていきます。糸の素材や色、太さなどを変えてみるとどんどん面白くなってきます。

発想のPoint　おとなは子どものように「適当」にクギを打つことで満足しません。より難しいことに挑戦したいものです。再現したい形を決めて、板の上にポイントを記してからクギを打ちます。そして、そのクギに毛糸を巻いてみます。難しい技術ではありません。でも、根気が必要です。

響き合う保育とアート

対談 汐見稔幸 先生 × 深谷ベルタ

「命、アート、遊び」

汐見先生 保育のキーワードには簡単に定義できないものが多くあります。「遊び」という概念もそうです。古今東西いろいろな研究があるにもかかわらず、誰もが納得のいく定義はできていません。

「遊び」とは何か、ということについて研究した本のタイトルだけを並べて、数百ページにもなった本があるくらいです。これは、研究者が大切に思う研究テーマだということの現れで、日本だけではなく、国外の膨大な研究の蓄積があっても、未だに共通の定義はないような状況です。

これは、「命」というものをどう定義するか、と同じことだと思います。子どもたちが「命」をいただくというのは、確実に事実で、人間が唯一、平等にもらえるものです。それを、どう輝かせるかということが人生のテーマになりますが、それぞれの個人を輝かせるための条件はみな違います。脈々とつながる生活の連鎖や環境があって、その中で、その人しかつくれないような「命」の物語、その人らしい「命」の輝きを実現するお手伝いをするのが保育だと思います。

保育の領域には、そういった言葉がたくさんあります。定義することが難しいけれども、やっぱりこだわって使いたいというか。そういう言葉が、僕にとっては「命」であって、もうひとつが「遊び」。そして、「アート」という言葉だったりします。

それで、今回の対談の中で改めて気がついたのですが、「アート」とは、日本語に訳すと芸術とか美術とかそういった表現になりますが、大人がいう芸術とか美術というものと、子どもの「アート」というものは必ずしもピッタリ重ならない。ベルタさんが、「アート」は「遊び」と似ているとおっしゃった。私は、それがとても大事なことに思えます。

「遊び」が洗練されて「アート」や「サイエンス」に

汐見先生 「遊び」が少しずつ洗練されていくと、いわゆる大人が「アート」といっている世界に近づいていく。そしてもうひとつの方向に洗練されていくとサイエンスの世界にいくと考えているのです。

その洗練の方向性は、そんなに明確に分岐するようなものではなくて、興味の高まりとともにぼんやり見えてきたりする。たとえば、子どもたちが海岸で砂鉄をいっぱい取ってきて、その砂鉄をたたら製法で鉄にしたいと言い出して、学芸員やお父さんに手伝ってもらって砂鉄から刀を作る。砂鉄から刀を作れると知って感動した子どもたちが、ほんとに出来るの？というところから始まって、それで本当に作ってしまう。

この過程で身につけるものは、ある意味ではサイエンスの分野のものですが、もう一方で、人間が一番大事にしてきた生活技術というのかな。アールヌーボー様式などの例がそうですが、生活に必要なものを改善していく時に、利便性や使い勝手の他に、こっちのほうが素敵じゃない？綺麗じゃない？っと、洗練されていくことがある。「もっと大きいのを作る！」「もっと硬いのを作ってみたい！」とか、そういうところから科学への好奇心が、そして「そこ、色塗ったらかっこいいじゃん！」とか、そうなった時には、「遊び」の中から「アート」の芽が生まれる。

子どもの「命」っていう場合には、単純に生命やエネルギーといったことが連想されるけれど、子どもの場合には、そこに収まらないものがあると思っています。

絶えず、なんというか、自分を超えること、今、10の
ことができるんだったら11のことをやってみたい！
だとか、こういうことができるならもう少しこういう
ことがしたいなとか。僕らは、それを「自己超越性が
ある」などと表現しますが、「もっと、こっちの方がキ
レイだ」とか、子どもの個性を基盤にそれぞれのやり
方で「遊び」が洗練されていくのです。

　ですから、子どもにとっての「アート」は遊びの中か
ら生まれるもので、いずれは大人のアートにもつなが
っていきますが、その子の「命」をどうやって輝かせ
るかという点で、基本的に「遊び」と同じもの、という
ふうに、改めて思います。

遊びは必ず
ステップアップする

深谷ベルタ　遊びの発展性とか継続性とか、保育にか
かわる者ならば誰もが考えることだと思いますが、私
は「遊び」は必ずステップアップする方向にいくと思っ
ています。同じことを繰り返しているようにみえても、
必ずステップアップしています。より難しくなり、より
高く行こうとしている。それが「サイエンス」や「アー
ト」への興味を高める。そして、その子の個性が輝いた
時、お友達との関係や親との関係も変わっていったり
もします。

　ですから私は、主に造形の活動にかかわってはいま
すが、やっていることは造形だけとは思っていないの
です。どんなふうに子どもとかかわり「遊び」や「アー
ト」を作り出しているか。

　ある保育園で出会った、Rくんという、ちょっと他の
お子さんよりも背の高い、体格のよい、筋肉質でエネ
ルギーの塊のような男の子をめぐるお話を紹介させて
ください。

『この子が熱中できる
遊びはありましたか？』

　とある保育園で、いつものようにワイワイ粘土を出し
て遊んでいました。私たちはこういうときには必ず
計りも持って行きます。重さを体感できるように準備
をしておくのです。

　その日もどんどん大きな塊を作って、えっちらおっ
ちら部屋の向こうから、もう、すごい努力をして、ヒッ

クリ返りながらも粘土を持ってくる子どもたち。

　計りは台の上にあるから、粘土を持ち上げるのが大
変です。一番多いときには子どもたち6人で抱えて、6
人で35キロの塊を動かしました。保育所側のスタッ
フも偉いもので、私達の計りは20キロまでしか計れな
いので、健康診断の時の大きな体重計を出してくれて。
それもあってか、子どもたちはどんどんどんどん大き
な塊を運んでは、塊の重さを量って大騒ぎです。

　その時、R君も大きな塊を作っていたのです。一人
で。R君は粘土を集めて、大きくして、一人で持ち上げ
ようとするのですが、持ち上がらない。それで、「誰か、
誰か助けて！」と叫ぶのですが、誰も来ない。他の子ど
もが教えてくれたのですが、「Rくんはいつも人を泣か
すから、行かないよ」と。どうも彼は問題児。おー、コ
レは大変だと思ったのです。R君がこのまま終わっ
てしまうのはもったいない。そこで私は、この子は何
が好きで、何をしたいのか、彼の行動をよく見てみる
ことにしました。

　想像できますでしょうか。30キロ以上もある粘土の
塊です。体重20キロしかない子どもに、自分の体重以
上のものを持ち上げるのは無理なお話です。それでも
Rくんは持ち方を変えたりして計ることを諦めません。
私にもヘルプを求めてきましたが、彼の様子をみるため
に「ちょっとごめんね、今はね」などと誤魔化しました。

　そしたら、R君はシートの上に揚げ煎餅みたいになっ
ている粘土を見つけて、それを拾い、大きい粘土の塊の
上に乗せました。彼はガビガビになった小さい粘土を
見つけて、自分の塊の上に乗っけてパシッと叩いたの
です。その後、優しく、指先でザラザラした粘土を触り
始めたのです。その時、もしかしてこの子は指先の感
覚が鋭いのではないかと思って、そういったものに、関
心を持つこと自体が面白いじゃないですか。だから保
育所のスタッフに紐の準備をお願いしました。荷造り
用の紐など、あるもので十分ですと頼みました。

　それで持って来てくれたのが安いビニール紐でし
た。ヨリがかかっている荷造り用の紐です。そこから
信じられないことが起こりました。R君に使い方を一
回だけ見せて、「こうやって引くんだ。引いたら切れ
るから」と見せたのです。「計りたければもっと小さい
ピースにしたらいいよ」と提案したのです。そうした
ら、彼は、その通りに引いてくれました。そしたら切れ
目のところに、帆立貝の貝殻のような溝がたくさんで
きたのです。美しかった、とにかくとっても美しかっ

対談 汐見稔幸 先生 × 深谷ベルタ

た。子どもも驚いていました。しばらくしてまた引いて、またひっくり返して引いて。そこでR君に「並べてみよう」と提案しました。

R くんが無我夢中で粘土をスライスしている姿を他の子どもも面白がり、「すごいことやっているよ、すごいね！」と大騒ぎになりました。5歳の子どもが、紐の使い方を工夫して、どんどん難しく、そして美しくカッティングしていきます。力のいれ方を工夫し、手をクロスさせて効率よく粘土を切ったり。1時間かけて30何キロもあった粘土を美しく解体しました。気がついたら私自身も興奮していましたが、Rくんと周りの子供達の様子を見せたくて担当保育者等を呼びました。

私たちは、「表現を残す」ことが目的ではないので、普段は作品のようなものを何も残さず帰ります。形にしません。ですが、この時だけは例外を認めようと考えたのです。R君が切ったピースを保育者に託し、保護者にお見せするようにお願いしました。

体感に飢えている

私が、その時に偶然できたRくんの作品を通して保護者や周囲のみなさんにお伝えしたかったことは、Rくんの能力だけではありません。

「普段の保育の中で、R君が熱中できる遊びってありましたか？」と聞いてみたところ、「ないです」というお応えが返ってきました。誤解が生じるといけないので申し上げますが、この園はとても丁寧な保育をしています。それでも、そこでの遊びに満足できない子どもがいます。だから、保護者に週末だけでいいから、Rくんに身体全体を使って「遊べる」環境を与えてやってくれませんかと提案をしました。それは保育園や保育者のせいでもないのですが、与えているつもりでも、子どもにとっては足りていない場合があります。Rくんのように、ちょっとしたきっかけが、子どもの可能性を開花させます。あの粘土の日から、Rくんを

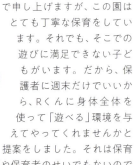

見る周りの目が完全に変わって行ったと聞きました。こういう変化は、彼の成長にとって、とっても大きなものだったと思えるのです。

ではなぜRくんは問題児だったのでしょうか。Rくんに攻撃性を見出すのではなく、子どもに対する理解の仕方を再検討する必要があるのです。面白いものを見ること、歌ったり音楽を聞いたりお話を聞いたりすることも保育にとって大切なことです。でもそれだけでは身体が飢えます。園庭の問題などで、全身で熱中する「遊び」、体験や体感に飢えている子どもが多いように思います。子どもは、そういう「遊び」に満たされると、とても落ち着きます。満足するのです。

子どもは、身体の有りとあらゆる感覚を使って「遊んで」います。感じています。そこから学べることがたくさんあるのです。「遊んで」くれているのは素材だと思ってください。自然は多種多様なマテリアルを提供してくれているのですけれども、その素材たちが豊かな体感を培ってくれますし、その他、マテリアルをめぐって他者との協調や交渉、共感といったことも学ばせてくれます。

粘土を運びたいけど一人じゃできない。「誰か助けて！」とか、「誰か一緒にやろう」となります。30キロ以上の塊ですから、子どもにとって大きなチャレンジになります。そういう意味で、外遊びの可能性の大きさに比して園庭が非常に小さいなど、なかなか難しい現実が浮かび上がってきます。室内遊びで頭が賢くなるようなおもちゃは十分すぎるぐらい準備されていますが、現代の日本の都市部においては、子どもの好奇心を刺激する、あるいは駆り立てるような素材と量が足りていないように思われます。

素材（マテリアル）は質より"量"を気にします

私はこういう場面では素材の質はそれほど重要だとは思っておりません。エコで、できれば自然素材であることに超したことがないのですが、どちらかというと、私は「量」を気にします。

充分すぎる程の量のマテリアルがあれば、保育者は導入のような小細工をしなくても、子どもは自然にそのマテリアルに関わりをもつようになります。「お話はいいから早く触らせて！」とよく言います。そういう意味で、里山や海辺での「遊び」の豊かさを思います

が、水も砂も岩も、子どもは身体ごと楽しめます。海を眺める、海の音を聞くのも素敵ですが、もう一歩踏み込んで他の感覚体感を私は重視します。

私達のからだは丸ごとが皮膚に包まれていますが、最大の感覚器官であることを忘れてはいけないと思うのです。遊んでいる子どもたちの様子を見るにつけ、子どもたちはそのことを私に教えてくれます。世界と私たちの内面をつなぐ最大のインターフェイスは皮膚です。汐見先生もよくおっしゃることですが、やはり今の生活、そしておそらく保育においても、原始的な体感がとても乏しくなりつつあるというのが、現代の特徴なのではないでしょうか。

「遊び」から生まれるもの

汐見先生 ベルタさんのお話を聞いていて、いくつか記憶がよみがえってきました。ひとつは小学校一年生の実践記録、もうひとつが、遊びと人間の発達を論じた歴史学者の見解です。

まず、ひとつ目の腕白坊主をめぐる実践記録ですが、ホントに手がつけられない、暴力が先に出てしまう子どものお話です。

その子がある日、どこで拾ってきたのかと思う位、大きい桑の木を、教室に「うわーっ」と引っ張って来たわけ。それで何をするんだろう？と思ったら、その園の先生の持って行き方っていうのがとても面白くて。

具体的な会話は覚えていないのですが、その子の家はお蚕さんをやっているのね。それで、蚕のことを聞いたらエライ詳しいわけ。それで、「へーっ、お蚕さんって今ほとんどいなくなったのに、よく知ってるねー」って。「明日からお蚕さんのことを○○ちゃんに習おう！」と言って、それでね、お蚕さんの勉強に切り替えて。

まあ、その時、その木をアート作品にしていったらもっと面白かったと思うのですけれど、とにかく、その子は、お蚕の桑の木にこだわって学校に持っていって、そして、お蚕はこうなんだよっていうことを教えることで、一挙にその子に対する評価が変わっていったわけです。そのポジティブな体験で、その子自身も変わっていける。問題があるといわれるような子は、

実は、本当は何か光る子どもで。そこを見つけられていないだけだということを、とにかく思います。普通の秩序の中におさまらないような子どもの中に、「アート」のすごい世界を持っているという子が多い。

二つ目は、ホイジンガという歴史学者が『ホモ・ルーデンス』という面白い本を書いているのですが、遊びが人間をホモ属にして来たのだということを書いています。遊びこそが一番大事なことだと言っています。

言うまでもないことですが、「遊び」にもルールがある。「陣地はここまでで、ここから入っちゃダメ」とかいったルールがある。これが洗練されて宗教の儀式になって、それが時を経て法律になる。それが、今のきれいな秩序を作り出しているのですけれど、「もっと大きいものを作りたい」「きれいなものを作りたい」といったものがアートになる。そういう視点でいえば、すべてのことがらが「遊び」から生まれているといっても過言ではないと思えるのです。

皆さんご存知かもしれませんが、今、縄文時代が世界的に注目されています。一万何千年前から始まって、5〜6000年前には火焔型土器(かえんがた)が登場しています。その頃、日本でそういうものを作っていたんですね。本物を見るとすごくて、本当に感動しますよ。どうやって作ったのか想像もつかないですが、多分、きっかけがあって、「ああしよう、こうしよう」とやっているうちに、「お、かっこいいじゃん！」とかいってね、そうやってできて来たのではないかと妄想すると、遊びから縄文土器が生まれたという仮説が成り立つのではないか、などと思ってしまうんです（笑）。

遊びを「もっと面白くしよう」と考えて、アイデア自体がものすごく豊かで、そういう、すごいことを考えている人って、いわゆる秩序の中にはおさまれないんだけれど、面白い力を持つ人が多い。縄文時代への世界的な注目は、出土した品々から見えてくる当

※ 1　Howard Gardner。MI 理論、Multiple Intelligence Theory、つまり多重知能論の提唱者。1983 年に 7 つの知能（言語的知能、論理数学的知能、音楽的知能、身体運動的知能、空間的知能、対人的知能、そして内省的知能）を区別し、2001 年にさらに 3 つの知能（博物的知能、霊的知能、そして実存的知能）を追加し、個々人の知能をひとつの数字（IQ 指数）ではなく、多重性が表現できるプロファイルで描いている。

時の人びとの試行錯誤や、アイデアを生む人びとへの畏敬の念からきているのではないかとも思えます。

1960年代にハーバード大学のプロジェクト・ゼロという研究が始まりました。これは知能指数が高い人が社会に出て必ずしも優秀な仕事をするわけではないといった視点から始まる研究で、人間の能力の多様性を描くようなものです。ハワード・ガードナー※1という先生が、この研究をもとに多重知能論という本を書き上げました。それによると、人間の知能というのは、8種類あるという。言葉巧みに喋る人と数学の得意な人の知能を比べてどちらが優秀だとかいうことのナンセンスさを指摘している。例えば、身体運動がすごい人は、自分が空中でどんな姿勢をしているのか、すぐにイメージできてしまう。そういう特殊な能力です。それぞれに得意なところがあって、雑学的なものもあります。その中には普通の人が考えつかない、さまざまな表現で人を「あっ！」と言わせることができる能力についても記述されています。

そういった力は、実存的にあるわけではなく、なんか、こう、うごめいているようなイメージです。ですから、そういう力をうまく引き出していくというのが、ある種の「遊び」なんだと思います。「遊び」って改めて大事なことですね。人間の可能性をもっと上手に引き出すように、私たちも考え方を変えていく必要があるでしょう。

造形・音楽・身体表現の基礎は全部「あそび基礎」

深谷ベルタ 読者の皆さんの多くが保育の現場で子どもたちに関わっていて、そして私自身は保育の学生に関わっていますが、私たちの大学では、表現系のすべての授業科目名に「あそび」が付いています。「あそび基礎」とか「あそび技能」とか「あそび実践」のように呼ばれていて、造形・音楽・身体表現の基礎は、全部「あそび基礎」になります。

大学の教員になったのは随分前なのですけれども、こういうプロジェクトを担当するようになってみて、遊びはやはり基本的なことだなーと、一層強く思うようになりました。

汐見先生 もしかしたら、日本語の、「遊び」という言葉が良くないのかもしれないですね。英語でいうとプレイ（play）ですよね。プレイというと、われわれがい

う遊びとは、ちょっとニュアンスが違うんです。例えば、楽器を演奏する、演じるもプレイでしょ？社会で役割を演じるもプレイ。プレイっていうのはかなり真面目な色彩が濃い。日本の遊びというとね、「そんなの遊ばれているのよ」とか。真面目と反対みたいなイメージがあってね。

でも、ここでいっている「遊び」というのは、幼い時に凝縮して出て来るけれども、生命のエネルギーがかたちを手に入れて行く、そういうものなんですよね。その中に、ある種の美的なものを求める、科学を求める本能みたいなもの。

前から不思議に思っていたのは、3、4歳の子はバラバラに置かれた積み木を見た時にね、なんにも言わないけれど積み上げて行くでしょう。バラバラなものから一つの秩序を作っていく。カオスからコスモスを導き出したいと思うことが、本能なんだと思うんです。そのことが「命」を輝かせる、とても大事な方法だと気がつく。僕らはそれを「遊び」というけれども、いわゆる日本語の「遊び」とはかなり違うイメージですよね。

「命」の輝きを自由にさせると、こういう活動が生まれるということ。キーワードは秩序美。それを洗練していくと「アート」になったり「サイエンス」になったりしていくんじゃないかと。だから徹底的に「遊ぶ」ということと、その「遊び」をもっと面白いものにしていく、もっと、こだわらせていく。

保育にかかわる人は、自分もそういうことをしてみることも大切です。あらゆる生活の中に「アート」があるわけで、そういう体験が保育士の鍛錬として大事だなと改めて思っています。

深谷ベルタ 「遊び」や「アート」という視点で、日常の保育のなかで直面する疑問や悩みを会場から頂いています。ひとつが「戦闘ごっこ」、もうひとつが新生児保育の際の「遊び」や「アート」についてです。

子どもの興味を考えた時に「戦闘ごっこ」が身近なものとなるようなのですが、危険性や暴力への見解といった点で物議が生じますよね。それについて汐見先生、コメントをお願いします。

生きるための戦いを超えて

汐見先生 男の子に多いと思うのですが、ヒーローになりたいとか、そういうごっこ遊びはものすごく流行

りますよね。それは本能があるからだと思っているんですけどね。

　人間の中には、そういう本能があるのだけれども、人間という動物は、最も凶暴な生活をしているといえる。ありとあらゆるものを殺して、ありとあらゆるものを食べるというね。クジラだろうがマンモスであろうが。そうやって生き抜いて来たというか。そして他の動物を恐れさせて王者になって来たという。あそこの水がほしい、あそこの何かが欲しいという時に、でももうそこには誰かがが住んでいるという時、交渉しても譲ってもらえなかったとなると、いざという時には、殺しに行くわけです。そうやって人類の歴史の中では、同じ仲間の人たちを殺すことを当たり前のようにやって来た歴史がある。

　あらゆる動物を見ても、同じ動物を襲うようなことはあまりないですよ。ライオンが、お腹が空いているからといって、ライオンを襲わないですよ。人間だけそれをやって来た。それで人間が王者になってしまったという面があるのであってね、人間ほど凶暴な動物はいないというのは、これはもう、事実です。私たちの遺伝子の中にはそれが全部ある。だから何かを間違えると、すぐに人殺しが起きてしまう。

　他方でね、例えば、クマと戦う、ゾウと戦うような時には、人間はひたすら協力するしかない。そこでずーっと協働を繰り返す中で、ある感情が出来あがったんです。それは共感する感情です。戦った仲間が殺された時の悲しみだとかね。多分他の動物では考えられない位の強い共感能力、それが発達している。だから、今でも1000年前の昔の話を聞いたって共感して涙が出るし、地球のウラの人の話を聞いても感動するわけ。そんな動物も人間以外にいないですよ。

共感のスイッチ

　だから、共感するということは、可愛そうという感情の上に成り立つものではない。子どもを育てる時に、子どもにもその本能のスイッチは皆あるわけですから、共感のスイッチをいっぱい入れるように育てているわけですよね。赤ちゃんが泣いた時に「どうしたのー？」って抱っこして共感する。共感されて気持ちよくしてくれる、ということを繰り返しやって行きますよね。

　だから、まず、攻撃性が出てくる前にしっかりとスイッチを入れる必要がある。逆にね、赤ちゃんの時に

バチンバチンやられた人は、大人になった時に、攻撃された恨み辛みを出すとまた叩かれるから、それを出さないように抑圧するようになります。でも、抑圧しているものは後で必ず出るものなのです。ヒトラーは0歳の時から父親による体罰をうけて育てられたという研究もありますし、秋葉原の路上で8人を刺殺した殺人犯も、0歳から体罰で育てられたと聞いています。

面白いね、すごいね〜という共感が、攻撃性を文化的なものに変える

　つまり、共感のスイッチをたくさん入れる前に、攻撃のスイッチを入れられてしまった子どもたちが、後々の生き方に苦労するようになるということです。だから、人間を育てる時には、「面白いね、すごいね〜っ」て共感していくことが大事ということだと思うんです。ただ、同時に攻撃性も出て来るわけ。長い間、外の敵をやっつける、狩猟をやるというのが男の役割だったから、動くものに興味があるし、やっつけることに興味があるし、いろんなものを集めて来て武器にするというのにも興味は湧く。そういうのが男性のある種の本能として残っていて、それを出すなと言っても無理なことだと思うんです。

　だからこそ、攻撃性といっても文化的な攻撃性、そういうものに変えていく。「俺のが一番！」とか、「かけっこしよう」とか。「どっちが速いかやろう」といってやって、その攻撃性の部分に、共感性を入れることによって攻撃性を文化的な攻撃性にしていく。例えば、敵をやっつけるという時、昔はちゃんばらごっこね、今はナントカマンとか言ってね。そうやって英雄になれる遊びをしていく。抑え込むのではなくて。僕はやった方がいいと思うのです。そうして攻撃性を文化的な形のものに変えて、やがてそれがスポーツの肥やしになったりする。

　ただ、その時、危なくないように安全に。こういうときは、こうやってね、こういう約束にしようねとか、そういうルールを作るんで

す。抑圧してしまうと後で出る。だから僕は、やりあっていいと思う。だからこそ、ポジティブな労働性や意欲に変えていくような工夫ですよね。「おーー、こういう子が出て来た、出て来た」って、面白がるくらいのスタンスでやったらいいんじゃないかなと思うんです。

── それでは次の質問にいきましょう。
　低年齢児の保育活動では粘土遊びなどの表現活動をすることはできませんが、どのような工夫をすればよいですか？というご質問です。

乳幼児期ほどインプットが大事

深谷ベルタ　私の考えですが、乳幼児の場合は全身でいろいろな表現をしますよね。それを保育の中で保育表現活動として考える場合には、幼ければ幼いほどインプットが大事だと思います。感じることというか。
　今、私たちは赤ちゃんとの活動も行っています。そのときには、もちろん粘土も持って行きます。本当は、素材遊びに年齢制限はありません。粘土を触らせてあげることも、新生児にとって案外気持ちいい体験かもしれないですね。水に触れたり、いろいろな素材に触れたり、それを触った感じ、舐めた感じ、皮膚とか全身で感じ取れるような、インプットがより大事な時期だと思っています。ですから何かを作りあげてもらいたいとは思っていません。まず十分なインプットがあってこそ、やがてアウトされる。素晴らしいアウトプットが必ずあると思うから。
　私自身、「表現」という言葉があまり好きになれない理由もそこにあるのです。表現というと、絵を描いたり、何かを意図して作り出す活動と理解されがちです。私達が意図しているものと違う理解をされてしまう傾向があるのです。どうしてもアウトプット、うまく描くこと・作ること、結果が第一のような認識。そうではない。感じること、まずね、子どもたちがどう感じるか、が大事なのです。感じたことで次のアクションが生まれる。そこを気長にやっていく。

「表現」は"関係"の中でしか生まれない

汐見先生　「表現」という言葉は、下手すると、表現させねばならないと思いがちですが、例えばね、その子が「うえ～」って顔をしたらね、そしたら、そこにその子の表現がある。何かを見た時のインプットがアウトプットを生み出している。
　「表現」というのは、絶対に個人で出るものではなくて、関係の中でしか生まれない。親や保育者が「なんて顔をしてるの！」とやってしまうと、「そんな顔をしちゃダメなのかな」となる。要するに、子どもの表情を乏しくさせてしまうのは、私たち大人の姿勢なのかもしれない。
　だから、大人が考える表現と違って、ドロドロの何かをやっている時に、「うえーっ」という変な顔をしていたとか、まずはそういう表現。それを「表現」と受け止めて、実に豊かな表現ができるようになったと捉えられるかどうか。こういった小さな積み重ねを続け、少しずつ洗練しつつ「アート」のレベルに近づいていけばいい。焦らなくていい。

深谷ベルタ　私に言えることがあるとしたら、自分にはできないと思わないで下さいということです。表現活動に何か特別な能力が必要だとは、私、思っていないのです。保育って、人間の土台を育てる場所ですし、本当に魅力的な仕事。いろいろなことに挑戦して、一緒に保育の質を高めて行けたら嬉しいです！

汐見先生　「アート」というのを今後の保育のキーワードにした方がいいと思っています。「保育指針」、「幼稚園教育要領」を十分に咀嚼してやっていくのがいいと思っているのですが、「アート」のところを大事にすると、教育を評価する軸がものすごく潤うんですよ。
　学力というのが正しいか、正しくないか、それから、道徳というのが善か悪か、そういうところで人間を評価するのではない。「アート」はあえていえば「美」なんだけども、もう一つ深い次元で人間を理解することができる軸というか。そういう基盤が広がっていくと、日本の教育はもっと変わるのではないかと思うのです。
　　　　　　　　－2017年、千葉敬愛短期大学にて

あとがきにかえて

　本書で紹介した保育造形の背後にあり、私にとってとりわけ重要に思える問題について、わかりやすくふれておきます。

1 「造形」と「表現」という言葉の問題

　「幼児造形」「アートと保育」がここ数年、度々話題になります。イタリアのレッジョ・エミリア市の保育実践が日本でも紹介され、世界的に知られるようになった実践の影響だと思います。アート（美術/芸術）とサイエンス（科学）を区別せず、ルネサンス時代のレオナルド・ダ・ヴィンチのような世界観と人間観、それに一市民として尊敬されている子ども達の素晴らしい好奇心と創造性を町全体で応援し、サポートしていく保育方法に対する評価が高いのです。「保育の先生（幼児教育者）」と「アートの先生」の協力の元で生み出されるセンスのよい作品も大変魅力的で、あの小さい町に世界中からの訪問者が引き寄せられています。日本の保育界で幼児造形やアートに一定の注目が注がれるようになったのは主にその影響だろうと思います。

　ただ、どうもいくらかの混乱も起きているように思えます。子どもがすることを「アート」と呼んだり、「造形」と呼んだり、「図画工作」と呼んだり、「制作」と呼んだり、「視覚的表現」、あるいはシンプルに「表現」と呼んだりしているわけで言葉に一貫性がありません。子どもがすることをどのように呼ぶか、単に言葉の問題として片づけられることではありません。その呼び方、ネーミングに、私達自身の意識が反映されるだけではなく、言葉がその意識に影響を及ぼしてもいるのです。これはとても重要な問題だと思います。

　「保育」と同じように、「造形」という言葉は日本語独自の造語です。保育界でいつ頃から使われるようになったかは、私にはわかりません。しかし、この言葉で表現されることは、造形活動にしろ、造形遊びにしろ、さまざまな議論があると思います。保育内容としては今「表現」と呼ばれる領域に整理されています。諸外国語で、造形に該当する言葉がないようです。「造形」は本来「モデリング」の翻訳語だったようですが、意味がどんどん変化していきました。諸外国語では「視覚芸術」（visual art）という言葉しかありません。日本語には「芸術」や「美術」や「アート」という言い方があり、意味が重複していて、概念が整理されておらず、適当に使われているような印象を受けます。外国では視覚芸術と呼ばれるものに、日本

*1 プロダクト (product) 重視型とプロセス (process) 重視型の造形の問題

語では名前が「イッパイアッテナ」*1のようなものになっています。場所によって名前が変わります。その「造形美術」も、小学校では「図画工作」に、中学校以降は「視覚芸術」にではなく「美術」になっていきます。

「いや、小さい子どもが作るものだから、いくら何でも芸術とは呼べないでしょう！美術もどうですかね。でも、造形なら」という感じです。最近は「アート」と呼ぶことも増えてきましたが。しかも、造形も、保育の場合は音楽表現と身体表現と合わせて「表現」として整理され、ひとつの領域として統合されています。

「造形」は、本来、「モデリング」や「模型づくり」を意味していました。何かを作る時、それが上手くできるかどうかを試す意味で、小さな模型で試してみる。それが本来の「造形」です。形をつくるアーチスト等による一種の実験です。私が考える「保育造形」か「幼児造形」が、このとらえ方に一番近いような気がします。「アート」とは少し違います。「アート」ではなく、「遊び」として理解することには抵抗感や違和感もありません。

幼児期の子どもたちが作るものは（描いたりする絵画も含めて）、保育の場合、「造形表現」になります。保育者養成校の場合、大学で美術教育を受けてきた先生が教えるのが普通です。生まれてくるものが「作品」です。その作品を見ていると、なんとなく現代アートによく似ていたりします。また、保育の中で実践される造形遊び（造形活動）の手法も現代アートから借り入れた技法も少なくありません。

人々に「アナタが知っている'えかきさん'の名前を教えてください」と訪ねると、多くの人はピカソの名前が思い浮かぶようです。そして、事実、ピカソ自身、子どもの絵が大好きで、自分でもそのような絵を描きたいという名言もよく知られています。子どもの造形表現や作品として扱われるものがなんとなく「アート」に近いような、あるいはそれにとても馴染みやすいような気がしてくるのは無理のないことです。

でも、幼児の造形はやはりアートとは違います。少なくとも私自身はアートとは思っていません。作るもの、描くものも「作品」ではありません。アートな表現ではなく、本来の意味で「モデリング」であり、子どもによる実験であり、物を通して世界とつながる、関わる方法の手段のひとつです。そのような出会いの体験を通して、子ども自身の内面で感性や理解が作り上げられていきます。やや大胆な言い方をすれば、子どもが自分自身の内面を作り上げていく、自分自身を作っていると言ってもよいでしょう。「心」という言葉のほうがわかりやすければ、自分の「心を作っている」「心を築いている」と言ってもかまいません。

ですから、造形をすることで自分の心を表現しているのではなく、おそらくそ

の逆です。もちろん、作られた物から子どもの心の状態が見える時もありますが、このような活動の目的や意義は、こどもの心を作品を通してのぞき込むことではないのです。そのため、子どもが作ったものを「作品」とみなすことにもやや違和感があります。「作品」と呼ぶ物には、何かとフェティッシュな呪物崇拝的な「いやらしさ」を私が感じてしまうからかもしれません。お値段をつけて売ってしまえば、紛れもなく製品で、要するにプロダクトであり、商品であり、消費されていくものになります。

　私の本来の専門領域は造形表現教育ではなく、心理学です。アートについて話すことになれば、専門家に容易に敗けます。確かに詳しくはないけれど、まったくのウブでもありません。長年保育者として働き、そしてその後保育者の造形教育にもかかわるようになりました。その中で、乳幼児の造形遊びをアートに分類されることに若干の違和感を覚えるようになりました。もっとも、アーチストの感性や発想力を高く評価します。評価しますが、それでもなお、乳幼児期のこういった遊びをアーチストに頼ることに違和感があることも事実です。なぜなら、そのような発想や感性は基本的に保育者にも備わっているはずです。子どもをよりよく知っているのは美術教育を受けてきた人ではなく、保育者だと思うからです。
　保育者に造形表現を「アート」の話として呈示していくと、特に日本の場合、教育の現場では中学生時代以降、美術と無縁になってしまった保育者にとっては縁遠い話になります。そして、事実上、多くの保育者が養成される2年制というとても短い養成期間においてアート教育を行うことができません。日本の保育者はすでにかなり無理をして育成されています。レッジョの先生たちと大きく違い、心理学も哲学もアートやデザインや建築等もほとんどを学ぶことができません。

　多くの保育現場、そして多くの養成機関でなされている造形教育は、「プロダクト型」、（プロダクト重視型）の活動ではないかとかなり疑っています。「何かを描いたり作ったりする」制作か、生産活動であるように見えるのです。何を制作・生産するのか、あらかじめアウトプットを設定し、できたものを「作品」とし、それができるための詳しい指導案（計画）を立てます。計画は詳しければ詳しい程よいのです。子どもの場合、その年齢や発達や個別的な体験等に配慮しつつ、ステップ・バイ・ステップ、具体的かつ丁寧に考えぬいて、そして指導します。時間を設定し、その時間内（多くは30分前後）にできることを考え、必要となる材料や道具、必要となる環境設定も考え、綿密な計画を立て、指導案を書き、実行してみます。そのようなことを通して子ども達が何を体験できるのか、何が学べるのかも想定

あとがきにかえて

2

プロダクト（product）重視型とプロセス（process）重視型の造形の問題

し、その「ねらい」に向かって活動します。結果、つまり作ってほしい物、つまり作品、つまりプロダクトがはじめから「決まっている」のです。そこに至ることができたかどうか、できなかった場合なぜできなかったのかについて振り返り、次回はどこをどのように修正したり改善したりすれば上手く行くのかというところまで考えます。子ども達にも、そして保育者自身にも一番求められるのは「プロダクティヴィティ」(productivity) です。要するに、産業の用語で言えば「生産性」です。限られた時間や限られた資源（リソース）を効率良く使い、その結果を出すこと、見せること、保護者にその物（作品）を、教育の証として手わたすことになりがちです。

　しかし、保育の場合、大切なのはプロダクトそのものではないはずです。そこに至るプロセスだとずっと以前から言われ続けてきていますが、それがなかなか浸透しません。そもそも保育者自身にもそのような体験がない場合が多くあります。合理的に、効率良く、できれば能動的に時間や資源を使い、期待される目的、あるいは自分で望む目標に向かい、最後に結果を出し、その結果を誰かに見てもらい評価してもらうわけです。このような「プロダクト型造形」には必ず評価がつきます。要するに「責任」をとらされます。大人も子どもも共に、です。私はこれが「プロダクト重視型造形」の落とし穴で、「プロセス型造形」が理解されない、そして浸透しない最大の理由だろうと思っています。そのようなつもりがなかったのに、結局、「作品」を作って、作らせてしまいます。子ども達が何を感じ、何を体験できたのかではなく、結果的に「ものづくりのスキルが豊かな子ども」を育てているのではないでしょうか。そして、「プロセス」を大事にしたければ、作る過程をより丁寧にすればいいと思われがちで、非常に丁寧で詳しい「指導案」になっていくわけです。そのため非常に理不尽な思いにかられる保育者も多いのではないかと思います。

　ただし、保育造形がプロダクト重視型の活動になってしまいがちなのは保育者や保育現場自体のせいではありません。私達が生活するこの社会ではそのような生産性が最も重視される価値です。保育がそのような価値観の下でなりたっているわけで、生産性に貢献できないことは無駄で、無意味で、評価されません。プロセスこそが大事だと口が酸っぱくなる程、繰り返されても、その発想がなかなか浸透せず、多くの場合、ただの言葉遊びか無意味な理屈や理想論に聞こえてしまうかもしれません。「プロセス重視型造形」の発想は、「プロダクト重視型造形」とは根本的に異なります。

あとがきにかえて

　プロセス重視型ですと、あらかじめ約束できるプロダクトがありません。何かをする過程で体験できることこそを一番重視します。「今日は何をする」というアクションを決めれば済む話で、丁寧な指導案も要りません。体験そのものに価値があります。

　アートの中で、「パフォーミング・アート」が得意とする体験です。ひとつのわかりやすい例でいえば、100％の真っ暗闇を体験できる装置を作り、その中に人を案内し、その装置の中で私達が体験できること。視力が遮断されるという体験が私達に何をもたらすのかを感じること、知ること。その装置の中で私達自身がすること。そのような自分を知ること。目に見える結果があってもなくても構いません。保育のように一度に多くの子どもが活動する場合、プロセス自体が子ども達自身の体験によってころころと変わります。その変化にこそ価値があるわけです。プロセス重視型造形が、より遊びに馴染むのはそのためです。

　体験したことに対して責任をとる必要がありません。何かの物を誰かに見せるため、何かの思いを伝えるためにするのではなく、何かを体験できることを目的にします。それがねらいです。作品を作るためのプロセスを重視したいわけではなく、体験する過程を重視したい。100人がいれば100通りの体験があるかもしれません。

　体験のためには材料は要りません。必要なのは材料ではなく、素材です。造形で必要なのは材料ではなく「素材」です。その素材を感じることです。感じるために何かのアクションをすること。素材の上にじっと座ったり、目を閉じたり寝たりするのもアクションです。この素材が見た目よりはるかに重くて、全力で踏ん張っても持ち上げられなかった。持ち上げようとしたら身体がひっくり返ってしまった、という体験自体が別に美しいかどうか、クリエイティブ（創造的）かどうか、個性的かどうかはどうでもよいことです。これは、子どもにとって非常に大事な体験です。土粘土を水で濡らし、その上でスウィングを楽しみ、しまいには泥だらけになることも美しいかどうかが問題ではありません。これらは、子どもにとって大事な体験ですし楽しいことです。子どもの感性（つまり感覚）がそれを通して育ちます。周囲で他の子どもが他の動きをして、それを面白がったりします。その様子に関心をもち、それに気付いて同じことを体験したいので、その動きをまね始めます。場合により、お互いに動きを調整したりし始めます。何かのルールを導入したりします。

　プロセス重視型造形（遊び）は非常に複雑で、大人がコントロールしたければある程度はできますが、そうするとあまり面白くありません。プロセス重視型造形は、あくまでも私の理解でいいますとインプット側を一番大事にしています。

「思ったより重かったね！どうする？」「軽かったね。じゃ、息を吹きかけて飛ばしてみる？」「こりゃ、面白いね！」「こうやって破くと長くなったね、もっと長くできるかな？」等というもので、最終的なアウトプットはある意味どうでもいいのです。幼児造形は物を生産することではないからです。素材に対して何かのアクションをして働きかける、そしてそこで感じたことを味わい、その体験から学びます。

3　「感性」と「感性」の違い：センスの問題

　「センス」(sense) という言葉は、ラテン語からいろいろな言語に入り込んでいった言葉です。日本語ではおそらく英語経由で使われるようになった言葉でしょう。英語の言葉としても、約10通りの意味で使われます。世界最大の辞典であるWiktionaryを開いてみるとわかるように、「生き物が物理的な世界を感じとるありとあらゆる方法」のことで、私達には「自然に備わっている能力」と説明されます。いわゆる"五感"の名前が挙げられています。つまり、視覚、聴覚、触覚、嗅覚、そして味覚です。これは「感性」という言葉の本義です。知性を通してとらえる「感性」が意識、認識、常識、気付きであり、倫理的判断、物事の意味や理由という意味でもよく使われます。かなり多義的な言葉です。日本語における「感性」も多義的な言葉で、そのため、相手がこの言葉をどのような意味で使うかについてもっと敏感になった方がいいのではないかと思います。

　私自身、試みている保育造形において、「感性」という言葉を純粋に感覚や感覚体験という意味で使っています。要するにアートの世界でいう「感性」（美的センス）ではなく、心理学でいう「感覚」（センス）という意味で使っています。

　幼児の場合、美的センスの有無がとりわけ重要な問題であるとは思えません。幼児期からそのような教育が一番必要かどうかについてもやや懐疑的です。情操教育という名の道徳教育よりも、まずは豊かな感覚体験が欠かせないのではないでしょうか。しかも、すべての子どもに等しく、です。子ども達（そして学生達も）の生活を見てみると、"体験"の格差が大きくあります。幼児期からの豊かな感覚体験が、どの子にも等しく行き渡っているようには見えません。しかも、小中学生になれば、自分で体験できなかったことからも学べるようになりますが、乳幼児はそのようにはなっていません。乳幼児は、実際に、直接的にかかわれない物やかかわれない人からはおそらく、何も学べません。

　それからもう一点。私達は感覚についてあれこれすでに知っています。最も、よく知っているのは視覚だけで、他の感覚に関してはまだまだ未解明のところが多いといわれています。さらに、感覚と感覚とがひとつのシステムでもあり、しかも

あとがきにかえて

次第に言語ともつながっていくので、それが私達をどのように変えていくのか、私達が体験する世界をどのように変えていくのか、もはや研究中です。感覚について「五感」があることはすでに常識になっています。保育者もよく使う言葉だと思います。しかし、人間の感覚は5つではありません。私達にはおよそ20通りかそれ以上の感覚があります。ただし、その多くが体内感覚です。外部から見える感覚器官は眼、耳、鼻、口、そして全身を覆っている皮膚の5つです。ここまでは誰もが知っていることです。しかし、この5つの基本的感覚（直感覚）が、実はまったく性質の異なる2つのグループに大別できることはまだ常識ではありません。日々体験はしていても、私たちはあまり意識していません。ひとつ目のグループは視覚と聴覚で、言語化しやすく、よって人と共有することがしやすい感覚です。もうひとつのグループは味覚や嗅覚、そして触覚で、より原始的で、ディープで、表現しにくい体験です。

4 感性の属性の違い：馴染みと愛情を支える感覚体験の問題

造形のことを、よく「視覚芸術」と定義している人がいます。確かに、作品があればそれを見ることができますから。しかし、そのようなとらえ方にこだわる必要も理由も、少なくとも保育造形の場合は、まったくありません。誤解を恐れずにいいますが、幼児造形、あるいは保育造形は視覚芸術でなくてもかまいません。幼児造形が「表現教育」ではなく「感性教育」というなら理解できます。意図して教育しなくても、充分すぎるほど豊かな成育環境、つまり感覚体験を豊かにアフォードする環境を保障できれば、子どもの感性は勝手に働きますので、あえて造形遊びをしなくてもいいでしょう。子どもはそのような環境とかかわる中で自然に自分の中で自分の感性を築くことができます。だからこそ、乳幼児期が大切です。感性がチューニング、あるいはセットアップされる時期だからです。人間としての基本的な感覚が形成される時期に、環境が乏しく、豊かな感覚体験ができないと、学校教育もうまくいかないでしょう。充分な直接的な感覚体験がなければ、"もっと知りたい"という好奇心や学ぶ意欲も関心もわいてきません。子ども達は、他の動機付けから学ぶことを憶えてしまいます。

では、5つの感覚だけをもう少し詳しく考えてみましょう。これらの感覚が2つの異なる特徴をもつグループに分けられることを保育者が理解することが一番大事だと思います。その違いが分かれば、造形に対する理解も変わります。目の構造とか視覚情報が脳の中にどのようにして処理されていくのかは面白い話ですが、とりあえず保育者にとっては重要な知識ではありません。

視覚と聴覚は非常によく似た感覚ですので、ひとつの感覚グループとしてまと

められます。どれも比較的新しい感覚です。目で見たり音を聞いたりするために物自体に触れる必要がありません。遠い距離からも働く感覚です。しかも、目で得た情報や耳で得た情報、日本語でも見聞きというように、もうひとつのより原始的な感覚に比べて表現しやすく、言語化しやすく、よって共有化しやすい体験です。私たちは、あるもの（人でもいいのですが）を頻繁に見掛けると見慣れていきます。音も同じです。あたかもよく知っているかのような気になります。そのものと直接かかわることができなくても馴染んでいきます。ファミリアリティー（familiarity）を感じるようになります。これは見慣れたこと、聞きなれたことを通して憶える親しみ感です。しかし、これは本当の親しさ、つまりインティマシー（intimacy）ではなく、単なる慣れや印象、イメージ、場合によっては憧れです。毎日TVの画面で見ているアナウンサーやセレブ達に慣れ親しむわけですが、その人と本当に親しい関係にあるわけではないのと同じです。

　2つ目の感覚グループは、皮膚感覚、嗅覚、味覚です。いずれも原始的感覚です。身体感覚とも呼ばれます。直接身体でかかわって初めて生まれる感覚体験だからです。物は遠くからでも見えますし、音も聞こえます。しかし、後者の3感覚は遠くからは生じません。匂いはしますが遠くからでは皮膚感覚が働かず、味もしません。これらの感覚は実に表現し難く、私達大人でも言語化に苦労します。人と共有することさえ不可能です。しかし、困ったことに、これらの感覚こそがありとあらゆる物と（人とも）の親しさや信頼感、共感をもたらす感覚です。人間であれば、その人の皮膚を知る、味を知る、匂いを知る、そしてそれらの感覚が快感であるということを私達がインティマシーと呼んだり、愛情や愛着と呼んだりします。要するにそれはラブ（love）の'正体'です。見初めた人に無性に触れたい、抱き締めたい、キスしたいという思いになるのもそのためです。人間の場合、そのような愛情を感じるには、相手の身体に触れることが必要です。世界の場合、物に触れることが必要です。感覚のネーミングだけを見ると、人と共有できない感覚が共感が愛情等をもたらすとは一見して不思議で、矛盾しているように見えます。しかし、共有できない感覚が共感のベースを担保することは事実です。見慣れた人、聞き慣れた人を私達はそれだけでは信頼しませんし、共感することも難しいのです。

　原始的感覚を通してかかわれないような世界は遠いものです。そしてこの性質の異なる感覚の違いを他の感覚や知識や言葉などで埋め合わせることもできません。私たちは、原始的な感覚の方をより信頼しています。迷ったりしている時は、見た目より、皮膚感覚を優先します。匂い、あるいは味です。

　スティーヴン・ピンカー[*2]という心理学者の本に面白い話がたくさん登場しま

*2　Steven Arthur Pinker。アメリカの認知心理学者。視覚的認知心理学と子どもの言語能力に関する研究で知られる。ほとんどの著書が日本語でも読むことができる。

あとがきにかえて

すが、そのひとつが大航海時代の話です。それまでまったく見たことも聞いたこともなかった人々が突然現れ、何をいっているのかお互いにまったくわかりません。うかつに近づくこともできません。姿形が人間ではあっても怖い動物かもしれません。そのような状況で相手が本当に人間かどうか、どのように確かめられたのか。実は匂いでした。それも相手の体臭ではなく、排泄物の匂いだったという記録が残されているといいます。少し考えてみれば納得してもらえると思いますが、私たちにとってこのような身体感覚、そして特に皮膚感覚が非常に大事です。身体全体が皮膚で囲まれているので、全身がひとつの感覚器官といえます。私たちの心が全身に広がっていると思ってもいいのです。

　眼がうまく働かない時、私達が頼りにするのは皮膚感覚です。ヘレン・ケラー[*3]のような視覚障害者ではなくても、暗いところにいる時、目がよく見えない状況の中、たとえば、頭をシャンプーしている時、メガネを外した時、見えないところで作業している時、私たちをまず助けるのは皮膚感覚（触感）です。目の前に気絶している人がいれば、私たちは反射的にまずその身体に触れ、軽くトントンします。その後、声を掛けたり、息があるかどうかを確認したりもしますが、皮膚感覚が意識をONにします。ですので、他の原始的感覚と同じく皮膚感覚が非常に大事で、目の代わりにもなる感覚器官です。乳幼児期には、こういった感覚体験を、まず大事にしたいと考えています。

[*3] Helen Adams Keller。アメリカの教育家、作家、社会福祉活動家。1歳半で病気により視覚及び聴覚を失い、憶え始めた言葉も一度失ったが、皮膚感覚にたけ、奇跡的に復活し活躍した女性。

ご協力いただいた園

- 南小仲台保育園
- 原保育園
- 泉保育園
- 明徳やちまたこども園
- いなほ保育園
- 光の子幼稚園
- 多古こども園
- しらはたこども園
- 子羊保育園

■ Special Thanks

とくさん(あそぼうカー)

プロフィール
profile

深谷ベルタ
(HUKAYA Berta)

　1954年ハンガリー生まれ。国立のEötvös Loránd Tudományegyetem/Eötvös Loránd University (日本では通称"ブダペスト大学")文学部心理学科卒（1979年、心理学修士）。同年8月に日本人夫と来日、永住者となる。1988年9月から財団法人児童手当教会、通称、青山『こどもの城』保育研究開発部に就職。約20年間、保育者として働く。『化け比べ』と題する日本の昔話再話集をイラスト入りで出版（1999年）。その他日本の文化を伝える翻訳の仕事を多数手がける。国立国歌図書館国際子ども図書館でハンガリーの絵本選定、現役保育者向けのワークショップや研修、ペーパーコラージュによる作品制作、子ども向けのアートイベントにもかかわる。2000年以降大妻女子大学で非常勤講師。2007年4月から千葉明徳短期大学（保育創造学科）教授。「こどもと文化」「造形表現」等を担当。2013年秋以降千葉県内で造形遊びを保育現場に提供する独自のプロジェクト「あそぼうカー」の活動を開始。日本の保育の現状と未来、表現教育に特に強い関心がある。

　趣味は、以前には織物や陶芸、植物を育てること。今は音楽を聞くこと。最近はとりわけネイティブ・アメリカン（南米北米共に）の音楽やインディアン・フルートの音色がお気に入り。身近な自然に接すること、人を観察すること、歩くこと、写真を撮ること。生き物（人間も！）もアートもお気に入り。特に植物、子ども、学生等の写真をいつもスマートフォンで撮っている。2児（男子）の母。夫は言語学者。

カバーデザイン───大倉真一郎
紙面デザイン・DTP───BUCH+
紙面デザイン───島津デザイン事務所
扉造形文字作成───深谷ベルタ
扉造形文字ほか撮影───守屋貴章、深谷ベルタ

造形あそび －"体験"が感性を育む
これからの保育シリーズ⑥

発　行───────2018年5月22日　初版第1刷
　　　　　　　　　2023年12月8日　初版第3刷

著　者───────深谷ベルタ

発行者───────青田恵
発行所───────株式会社 風鳴舎
　　　　　　　　〒170-0005　東京都豊島区南大塚2-38-1 MID POINT 6F
　　　　　　　　電話　03-5963-5266　　FAX　03-5963-5267
　　　　　　　　URL　http://fuumeisha.co.jp/
印刷・製本───────株式会社シナノ

・本書は著作権法上の保護を受けています。本書の一部または全部について、発行会社である株式会
　社風鳴舎から文書による許可を得ずに、いかなる方法においても無断で複写、複製することは禁じられ
　ています。
・本書へのお問い合わせについては上記発行所まで郵送もしくはメール(info@fuumeisha.co.jp)にて承
　ります。乱丁・落丁はお取り替えいたします。

©2018 Berta Hukaya
ISBN978-4-907537-07-4　C3037　Printed in Japan